Sociedades Simples

Carlos Henrique Abrão

Sociedades Simples

2ª Edição

SÃO PAULO
EDITORA ATLAS S.A. – 2012

© 2012 by Editora Atlas S.A.

A primeira edição desta obra foi publicada pela Editora Juarez de Oliveira; 2. ed. 2012

Capa: Leonardo Hermano
Composição: Formato Serviços de Editoração Ltda.

Dados Internacionais de Catalogação na Publicação (CIP)
(Câmara Brasileira do Livro, SP, Brasil)

Abrão, Carlos Henrique
Sociedades simples / Carlos Henrique Abrão. – 2. ed. – São Paulo: Atlas, 2012.

Bibliografia.
ISBN 978-85-224-7110-2

1. Direito civil – Legislação – Brasil 2. Sociedades simples – Leis e legislação – Brasil I. Título.

12-03214   CDU-347.724(81)(094)

Índices para catálogo sistemático:

1. Brasil : Sociedades simples : Leis : Direito civil   347.724(81)(094)
2. Leis : Sociedades simples : Brasil : Direito civil   347.724(81)(094)

TODOS OS DIREITOS RESERVADOS – É proibida a reprodução total ou parcial, de qualquer forma ou por qualquer meio. A violação dos direitos de autor (Lei nº 9.610/98) é crime estabelecido pelo artigo 184 do Código Penal.

Depósito legal na Biblioteca Nacional conforme Decreto nº 1.825, de 20 de dezembro de 1907.

Impresso no Brasil/*Printed in Brazil*

Editora Atlas S.A.
Rua Conselheiro Nébias, 1384 (Campos Elísios)
01203-904 São Paulo (SP)
Tel.: (011) 3357-9144
www.EditoraAtlas.com.br

Sumário

Apresentação da 2ª edição, ix
Apresentação da 1ª edição, xiii

I – Introdução, 1
  1 Novo Código Civil, 1
  2 Novo tipo societário, 2
  3 Enraizamento societário e forma contratual, 4
  4 Precedentes e direito comparado, 5
  5 A disciplina na sociedade simples no novo Código Civil, 6
  6 Disciplina normativa e o contexto societário, 7

II – Constituição da Sociedade Simples e Formação do Contrato, 10
  Lei nº 10.406/2002, 10
    Art. 997, 10
  Comentário, 10
    Art. 998, 20
  Lei nº 6.015/1973, 21
    Art. 114, 21
  Lei nº 10.206/2002, 23
    Art. 999, 23
  Lei nº 10.406/2002, 25
    Art. 1.000, 25

III – *Status Socii*, seus Direitos e Obrigações, 28
    Lei nº 10.406/2002, 28
        Art. 1.001, 28
        Art. 1.002, 29
        Art. 1.003, 30
        Art. 1.004, 33
        Art. 1.005, 34
        Art. 1.006, 35
        Art. 1.007, 36
        Art. 1.008, 38
        Art. 1.009, 39

IV – Da Administração da Sociedade e suas Características, 40
    Lei nº 10.406/2002, 40
        Art. 1.010, 40
        Art. 1.011, 42
        Art. 1.012, 44
        Art. 1.013, 45
        Art. 1.014, 47
        Art. 1.015, 48
        Art. 1.016, 50
        Art. 1.017, 50
        Art. 1.018, 52
        Art. 1.019, 53
        Art. 1.020, 54
        Art. 1.021, 55

V – Das Relações com Terceiros, 57
    Lei nº 10.406/2002, 57
        Art. 1.022, 57
        Art. 1.023, 58
        Art. 1.024, 59
        Art. 1.025, 60

Art. 1.026, 60
Art. 1.027, 61

VI – Da Resolução da Sociedade em Relação a um Sócio, 63
Lei nº 10.406/2002, 63
Art. 1.028, 63
Art. 1.029, 64
Art. 1.030, 65
Art. 1.031, 66
Art. 1.032, 67

VII – Dissolução da Sociedade, 70
Lei nº 10.406/2002, 70
Art. 1.033, 70
Art. 1.034, 72
Art. 1.035, 73
Art. 1.036, 73
Art. 1.037, 74
Art. 1.038, 76

VIII – Sociedades Profissionais Subsidiadas das Limitadas, 78
1 Eficácia dos aspectos de organização societária, 78
2 Negócio societário e multilateralismo, 79
3 Extensão do objeto das sociedades simples, 80
4 Características societárias e atividade econômica, 81
5 Reflexo subsidiário e benefício fiscal, 83

IX – Insolvência e Recuperação de Sociedades Simples, 86
1 Caracterização do estado de insolvência e a empresa, 86
2 Preservação da sociedade não empresarial, 89
Lei nº 10.406/2002, 90
Art. 966, 90

3 Inexequibilidade societária e dissolução, 91
Lei nº 10.406/2002, 91
    Art. 1.034, 91
4 Previsão normativa recuperatória e disciplina jurídica, 92
Decreto-lei nº 7.661/1945, 93
5 Capital, patrimônio e forma de reorganização societária, 94

X – Análises Críticas Conclusivas, 96

Lei nº 10.406, de 10 de janeiro de 2002, 99

Jurisprudência, 107

Bibliografia, 115

Apresentação da 2ª Edição

Sociedade personificada, sem conotação de lucro, tipicamente de pessoas, mesclando sua aplicação subsidiária às limitadas, trouxe o legislador disciplina própria para as chamadas sociedades simples, inspirando-se no modelo estrangeiro.

Consequentemente, de forma minuciosa, procurou o legislador tratar do tema a partir dos arts. 997 até 1.038 do Código Civil, cuidando-se de entidade societária fundamentalmente estruturada no direito suíço e também no italiano.

O principal traço que encerra a sociedade simples, frutificando seu nascimento, descortina a característica não empresarial, revelando o prisma da atividade profissional, de contorno artesanal, e influência no meio rural, mantidas as regras da economia e o forte traço da globalização.

Em virtude da componente específica evolutiva da forma societária, alguns doutrinadores se posicionaram contrariamente à sua perspectiva, notadamente em pleno século XXI, haja vista que, via de regra, toda atividade organizada, ainda que de maneira indireta, persegue o campo do lucro, ou de manutenção do empreendimento.

Hospedado nesse aspecto, enraizado no direito comparado, o trabalho permite a definição científica, de cunho doutrinário, e a integração interpretativa da norma por intermédio dos artigos relacionados no atual Código Civil.

Desenhada a espécie da própria tipologia societária, verificamos o modo de constituição, o modelo contratual, o rigorismo nas modificações, a participação dos sócios e suas responsabilidades, tudo voltado para compreensão sistemática em relação ao Código Civil e, também, subsidiariamente, na aplicação concreta do Código Comercial, conforme regras elaboradas.

A impressão inicial faz crer que as sociedades simples, numa economia globalizada, representam estrutura em desuso, principalmente diante do crescimento das fusões, incorporações e cisões societárias, emblemática a colocação empresarial.

Contrariamente, no entanto, pela longa tradição do direito comparado, mostra-se igualmente significativa a presença da sociedade simples, pelo conteúdo que se afasta do tipo legal das sociedades empresárias.

Consequência reflexa desse modelo, substancialmente em relação às cooperativas, referidas sociedades não estariam sujeitas à decretação da quebra, mas ao regime próprio de liquidação.

Bastante importante ainda destacar o conjunto de regras relativamente às sociedades simples, na percepção do modelo, e à efetividade interpretativa feita pela jurisprudência a respeito do conflito societário e do resguardo da entidade.

Relevantes os valores econômicos que impregnam o modelo, a partir do capital aportado, sua integralização, conjugam-se, reciprocamente, direitos e obrigações, com a configuração de sua sinalização de caráter pessoal, mais de perto, no que tange à administração do negócio, divisando-se a sua higidez e oportunidade na elaboração do atual Código Civil.

E, uma vez finda a primeira edição, depois de um lustro de vigência do Código Civil, participam-se conceito e melhor compreensão de sua sistemática, no enfoque doutrinário e no campo jurisprudencial, partilhando, com isso, rico campo investigativo inerente à constante circunstância que se dedica à dinâmica da renovação do direito.

Eventual resiliência quanto ao modelo societário se afigura inócua na quadra atual, cuja modernidade pode se inspirar na elaboração por meio da constituição de sociedades simples, personificadas, porém desprovidas do intuito de lucro.

Na interface da regra deste modelo com a integração da atividade organizada, deparamo-nos com a função exercida e sua peculiaridade em relação ao escrito contratual que modela o contexto de sua presença regulada pelo legislador.

Plasmada a realidade que permeia a constituição societária, inclinamo-nos a reconhecer sua especificidade, visando organizar a espécie societária e permitir segurança e certeza jurídicas para efeito da consecução do seu objetivo.

Germinada a semente lançada, aguarda-se que o trabalho reeditado permita lançar luzes sobre a coerência da sociedade simples e sua coesão com a atividade econômica pretendida, sem o escopo do lucro.

Carlos Henrique Abrão
Magistrado – Doutor em Paris

Apresentação da 1ª Edição

De finalidade não empresarial, cujo traço característico é a sua personificação e conotação de sociedade de pessoas, mitigando a sua aplicação subsidiária às limitadas, cuidou o legislador de introduzir no cenário jurídico o modelo de sociedade simples.

A disciplina jurídica, sem a menor dúvida, veio exaustivamente enfrentada por intermédio dos arts. 997 até 1.038, do Código Civil em vigor, tratando-se de sociedade que amplamente fora sedimentada no direito comparado, especialmente na Itália e na Suíça.

De fato, a motivação principal que permeia o nascimento da sociedade simples, antes de tudo, se volta para sua característica não empresarial, de atividade profissional, de contorno artesanal e ainda influência no meio rural, sem considerar a evolução econômica e o aspecto da globalização.

Bem por isso, críticas acesas foram lançadas contrárias às circunstâncias que modelaram a sociedade simples, em pleno século XXI, quando o nascimento do tipo societário, na Europa, situou a primeira metade do século XX, estabelecendo-se um conflito que poderá causar o lento desaparecimento das sociedades limitadas e a utilização menos comum daquela simples.

Com razão, por todo ângulo que se enxergue essa reformulação, não restará no espírito interpretativo dúvida alguma que coloque ponto de interrogação sobre a consecução desse modelo societário.

Partindo dessa premissa e alcançando luzes no direito comparado, o trabalho envolve, além de seu cunho científico, e propriamente de pesquisa doutrinária, enfoque voltado para a sistemática normativa e a disquisição acerca dos artigos tratados no Código Civil.

Cogitada a espécie societária, sua natureza formal inicia-se pela sua forma de constituição, modelo contratual, o rigorismo nas alterações, a forma de participação dos sócios e as respectivas responsabilidades, tudo direcionado à interpretação sistemática em atenção ao Código Civil, Código Comercial e à aplicabilidade concreta das regras elaboradas.

Poder-se-ia, num primeiro momento, descartar a importância do tema, diante do crescimento das fusões, incorporações e cisões societárias, sem que aquela de natureza simples pudesse dimensionar característica empresarial.

No entanto, a longa tradição do direito comparado e as raízes mantidas, sem qualquer restrição, fizeram abrandar essa preocupação. Passo seguinte, enfocou-se o modelo societário e sua real significação dentro da atualidade das sociedades não empresárias.

Conquanto se preveja a possibilidade de análise doutrinária, nada se comenta dessa inovação em termos jurisprudenciais, mesmo diante do recentíssimo alterar, haja vista a discussão futura de cláusulas e condições.

E, uma vez vencido o lapso temporal de adaptação das regras às sociedades constituídas, notaremos a evolução e o contingenciamento da sociedade simples dentro de sua perspectiva e grau de efetividade.

Resguardados os valores econômicos, o importe do capital e a sua respectiva integralização, repartem-se direitos e obrigações, monitorando-se forte vínculo de pessoalidade, inclusive no que tange à administração do negócio. Somente o futuro poderá dizer se a viabilidade permitirá continuidade ou a revisão de sua inclusão no atual Código Civil.

Lançando luzes ao debate, dentro do espírito crítico inerente à obra jurídica, devotam-se ao público leitor a paciência e a compreensão na análise sistemática dessa singela monografia, cujo principal objetivo é de manter acesa a esperança constante da inovação do direito.

Carlos Henrique Abrão
Juiz de Direito – Doutor em Paris

I – Introdução

1 Novo Código Civil

A aprovação do novo Código Civil, disciplinado pelo diploma normativo 10.406, de 10 de janeiro de 2002, cuja *vacatio legis* definiu sua entrada em vigor no mês de janeiro de 2003, consubstanciou alterações relativas ao campo societário, em relação ao quadro da atividade empresarial, desenhando as companhias, as sociedades limitadas e aquelas denominadas simples, com o principal objetivo de sair da tradição do ato de comércio e priorizar a atividade desempenhada para o exercício do negócio organizadamente considerado.

Essencial compreender a circunstância que se apega ao modelo do Código Civil italiano e suíço, ambos contemplando a natureza do tipo societário e a percepção no sentido de que a sua figura teria aplicação desenvolvida para o espaço de conotação agrícola, artesanal, atingindo os profissionais liberais, e demais ramos intelectuais, notadamente sem o predicado do lucro.

De fato, o novo Código Civil, ao estabelecer regras precisas acerca do conceito, finalidade, administração e preceitos da sociedade simples, sem sombra de dúvida, trouxe à baila a discussão em torno da preservação do Código Comercial no ato da constituição da empresa e a respectiva operação com estrutura voltada à comunhão de interesses entre os sócios formadores da vontade social.

Com a flexibilidade dos negócios, a maior autonomia de vontades e a eliminação de mecanismos de unanimidade nas deliberações assembleares, diante do processo de modernização estampando na digressão da globalização, representam as sociedades o fator propulsor do lucro e instrumento de organização da atividade, donde é importante descortinar a vitalidade das sociedades limitadas em maior número, com menor das sociedades anônimas, e uma expressão bem alentadora de pequenas e microempresas.

A fonte na qual se abeberou o legislador diz respeito ao antigo Código Civil suíço das Obrigações, do ano de 1911, conferindo a denominação *sociedade simples*, posteriormente disciplinado pelo Código Civil italiano, remanescendo sua característica ímpar no modelo do Código Civil atual.

As diversas atividades foram, sistematicamente, absorvidas pelo modelo da sociedade simples, e com isso passou-se à sua regulamentação no modelo conferido pelo legislador e sujeito à manifestação dos próprios sócios.

Deixando de lado o aspecto da autonomia do Direito Comercial e ganhando corpo a sinalização do enfeixamento das relações no cenário projetado da empresa, não há mais razão para a dualidade civil e comercial (mercantil) das sociedades, com a fusão pura e simples das normas obrigacionais.

Incorpora-se, pois, a noção de única atividade empresarial simbolizada pelas diversas modalidades societárias que atingiram o próprio objeto social perseguido nas relações negociais.

2 Novo tipo societário

A demora na tramitação e na consequente aprovação do novo Código Civil, fruto da morosidade do Congresso e do desinteresse no debate prolongado de alguns aspectos, fez com que se relegassem a segundo plano os elementos característicos das sociedades comerciais.

Naturalmente, quando havia uma Comissão constituída para a elaboração de um Código Societário, sem prejuízo da nova lei sobre companhias (Lei nº 10.303, de 31 de outubro de 2001), deparou-se com o rolo compressor que marcou a fase final dos serviços encaminhados, levando à ponderação a respeito de defeitos que, sem dúvida alguma, comportarão, por tudo isso, aprimoramento.

Cogitou-se sobre a sociedade simples no cenário de um tipo societário com desenvolvimento próprio, composição formal e a estrutura relativizada na diretriz de se permitir comportar relevo na descoberta de um parâmetro afeto a determinada atividade, que por tal ângulo pode questionar, em termos de realidade, se o novo subsídio veio contribuir com a necessidade empresarial.

Abordando o tema de forma pioneira entre nós, o saudoso Professor Nelson Abrão[1] pôde esmiuçar a projeção da sociedade simples no contexto de novo tipo societário, com laços enraizados no Direito Comparado, haja vista a predominância da situação no Código Civil italiano do ano de 1942.

De sua pessoalidade negocial timbrada no elemento que formata a sua constituição, a sociedade simples se apresenta como instrumento geral para subsidiar campo na aplicação de matéria ligada às empresas que escolhem seus princípios na solução de caso concreto, de tal prisma de visão que é possível assinalar que o foco societário generaliza conceitos e descreve as regras dirigidas aos diversos enfrentamentos no conflito de interesses na continuação da *affectio societatis* em colaboração com a manutenção do *status socii*.

A fonte na qual se abeberou o legislador diz respeito ao antigo Código Civil suíço das Obrigações, do ano de 1911, conferindo a denominação sociedade simples, posteriormente disciplinado pelo Código Civil italiano, remanescendo sua característica ímpar no modelo do Código Civil atual.

As diversas atividades foram, sistematicamente, absorvidas pelo modelo da sociedade simples e, com isso, passou-se à sua regulamentação, no modelo conferido pelo legislador e sujeito à manifestação dos próprios sócios.

Bem por isso, esse novo tipo societário aparece na medida em que especifica uma característica singular de atender ao prisma subsidiário da norma, sem deixar hiato, na administração dos conflitos decorrentes do contrato, estatuto ou previsão na veiculação de dirimir dúvida em atenção ao princípio convergente entre sócios.

Consequentemente, a figura da sociedade simples é roupagem nova que se amolda à necessidade de preencher espaços e absorver o conflito na administração dos interesses que formata o entrechoque entre a minoria e a direção da empresa.

---

[1] ABRÃO, Nelson. *Sociedade simples*: novo tipo societário. São Paulo: Livraria e Editora Universitária do Direito, 1975.

3 Enraizamento societário e forma contratual

A tipologia da sociedade simples desenvolve o raciocínio no sentido da adaptação dos negócios à circunstância de um desenvolvimento seguro e formado na certeza de um menor grau de divergência possível, deitando raízes na legislação estrangeira, no aspecto lógico e racional de prestigiar a vontade do sócio sem dissipar o efeito do capital.

Radiografada a revelação que cuida de um lado do nascimento societário com base no Código suíço das Obrigações e ainda no Código Civil italiano, a preocupação primeira foi de coadunar a sociedade simples com antigos preceitos da sociedade civil, até em virtude do descompasso da personalidade, e na temática da responsabilidade solidária e ilimitada.

Buscou o legislador pátrio dar sentido e vida à sociedade simples por intermédio da personificação do ente, contendo a responsabilidade de natureza solidária e forma contratual expressa que contempla a sua existência e tipo de constituição.

Ditando esse ponto estabelecido, seguro se torna asseverar que a sociedade simples tem cunho adstrito às codificações suíça e italiana, passando pela sociedade civil, para encontrar seu fundamento na tessitura de entidade personalizada com finalidade de agregar o interesse dos sócios no desempenho das atividades.

Contrariamente ao direito romano antigo, pressupondo forma societária livre, sem formalidades, a disciplina da sociedade simples aglutina fatores priorizando a figura da pessoa jurídica, ao lado da responsabilidade dos sócios entrosada com a constituição do capital societário.

Nascida da autonomia de vontades e com escoro na deliberação entre os interessados, a sociedade simples tem peso no modelo que se tonifica em atenção à escolha do negócio empresarial, firmado seu ato, repousando no contrato que se harmoniza com as cláusulas e condições impregnadas no escrito celebrado no momento de sua realização.

A regularidade da sociedade simples e o seu modelo de registro se constituem nos instrumentos que definem sua presença a lume do direito projetado positivo e da linha de coerência que é consentânea com a visão estabelecida na existência desprovida de irregularidade ou mesclada com aparência do direito que foge da regra da transparência aos olhos de terceiros, conforme bem vislumbrou o legislador pátrio.

4 Precedentes e direito comparado

A sociedade simples entraria na rota de substituição de sistema analítico que se apegava às entidades não dotadas de personalidade jurídica, desprovidas de formalidades e coevas com as disposições dos Códigos da Obrigação suíço e italiano, ambos preconizando a essencialidade de vigorar o tipo societário.

Não se pode desconsiderar a influência e importância dispensadas pelo direito romano do encaminhamento da sociedade simples, contribuindo para as entidades civis e, ainda no campo das sociedades comerciais, diante do modelo contratual, do respeito a autonomia de vontades, participação nas deliberações, sujeição pontual ao estatuto e sintonia fina com o pressuposto do objeto social.

Efetivamente, as sociedades que compuseram o passo primeiro do berço daquela simples mantinham uma determinação associada ao elemento de formação de vontade, na autonomia e com disposição ímpar na redução de formalismos, implicando submissão ao comando dos sócios para evolução e a própria eficácia dos negócios.

Com os olhos voltados para o vetusto Código italiano de 1942, poderemos assimilar o nascimento da sociedade simples com o propósito de atividade não comercial, timbrando mecanismo que se reporta às atividades de menor complexidade, nas quais preponderaria o elemento convergente da vontade livre e autônoma.

A enorme possibilidade de ajustar o funcionamento da sociedade simples ao predicado da autonomia de vontade dos sócios disparou a sua função prática de constituição e, com isso, imprimiu relação de segurança e, consequentemente, a dualidade entre as sociedades comerciais e aquelas com destaque mais próximo do meio e não propriamente a finalidade lucrativa.

A finalidade primeira do contrato que rege a sociedade simples é a de estabelecer os princípios norteadores do negócio, permitindo o conhecimento de cláusulas e condições, ambientando transparência entre direitos e deveres configuradores das responsabilidades.

No direito germânico prevalecia a configuração de entidade de mão comum, na percepção de o direito caber a vários titulares e, por corolário, ser inadmissível o pensamento ao redor de cota ideal, com toda a influência derivada do direito romano.

De seu turno, o Código suíço das Obrigações estabelecia em relação às sociedades simples a liberdade de sua organização, preconizando deliberação por unanimidade, além do que cabia a administração a todos os sócios, sem estar dotada de personalidade jurídica, mas estipulando negócios *unius negotiationis* sem finalidade mercantil, mas associativa e de escopo transitório.

Estruturalmente, portanto, e no delineamento haurido no direito estrangeiro como forma e emblemática posição, a sociedade simples atravessou um período de adaptação e, com sua lenta evolução, passou a significar a junção de esforços que se amoldam à forma da empresa no alcance do respectivo objeto social.

5 A disciplina na sociedade simples no novo Código Civil

Coube ao legislador pátrio no Subtítulo II tratar da sociedade personificada e, no Capítulo I, disciplinar a sociedade simples, com o regramento normativo especificado na sua inteireza a partir do art. 997 até o art. 1.038 do novo Código Civil, assinalando diversas circunstâncias ligadas a constituição, contrato, responsabilidade, dissolução e liquidação que fazem parte da análise plural dos respectivos tópicos, que englobam, assim, o desafio de, item por item, sistematizar todo o estudo.

Eliminando o aspecto dicotômico entre sociedades civil e comercial, projetado o resultado da unificação, não se esqueceu da realidade do tipo societário que aglutina formação de vontade destinada às atividades bem definidas sem uma empresarialidade acentuadamente revestida na base do negócio societário.

Ditando seu formato didático ao pressuposto fundamental de sua existência, a sociedade simples percorre caminho para fortificar natureza sucedânea da sociedade civil, com escopo econômico, sem que se revista de forma empresária ou comercial, tendo como ponto de partida sua aplicação subsidiária às empresas, exceto às companhias que são disciplinadas por regras peculiares e específicas, tendo em mira o enraizamento do direito estrangeiro.

No entanto, diante do quadro normativo esboçado no seio do novo Código Civil, é fundamental asseverar que as sociedades simples são dotadas de personalidade jurídica e servem como ferramentas subsidiárias às denominadas sociedades de pessoas, refugindo da estampa das sociedades anônimas, mas que revelam contratualmente limitação na responsabilidade de acordo com o estabelecimento convergente às vontades das partes, daí por que o norte repõe no cenário a não solidariedade como carta de princípio nesse tipo societário.

Numa análise aparente do modelo societário, a destinação ficaria endereçada aos profissionais intelectuais, não organizados empresarialmente, e aos pequenos empresários, agregando as cooperativas que teriam o condão de observar as regras do negócio societário.

Evidente que o caráter emblemático que pauta a sociedade simples também personifica as sociedades unipessoais, gravitando maior flexibilização para inserção no regime tributário, muitas vezes perpassando simples conotação de entidade não lucrativa.

Definindo as circunstâncias que combinam as qualidades do negócio com as técnicas de assunção do risco nele existente, o legislador desenhou a forma do contrato social, incursionando pelos direitos e obrigações dos sócios, avançando na realidade da administração da sociedade, compreendendo seu modelo em função de terceiro, além das consequências na delimitação do foco de divergência, abrindo cargo na efetividade da dissolução com o instrumento de liquidação.

Normal ponderar que alguns princípios foram reunidos sob a inspiração dos Códigos Civil e Comercial, outros do direito estrangeiro, com pequena inovação no atinente à aplicação subsidiária aos demais negócios societários que fundam seu pressuposto no alicerce que supre as imperfeições do contrato e preenchem a lacuna em virtude das divergências internas e seus conflitos de interesses.

6 Disciplina normativa e o contexto societário

Expostas as diretrizes que governam o nascimento, a evolução, o desenvolvimento, a função da sociedade simples e dentro de suas características principais, passaremos ao quadro analítico de examinar a disciplina normativa contemplada pelo novo Código Civil na revelação da sociedade simples em todas as previsões, na dinâmica do relacionamento em sintonia com o Código Comercial, temperando argumentos que colimam uma compreensão ampla da dicção redacional timbrada pelo legislador.

Enfocando o núcleo da mudança que pede espaço na abertura de um leque maior voltado para a caracterização pessoal da sociedade, não se pode evitar de plasmar a regra de convivência entre os sócios, no encaminhamento da vida em comum negocial, atrelando os pontos que se filam à autonomia eleita como mola propulsora da vinculação e da responsabilidade interna e perante terceiros.

Comporta destacar que o retrato da sociedade simples veio temperado com seu passado, modelado por causa do presente e reforçado na perspectiva do futuro de se adaptar ao campo de concretude diante da escolha definida pelos sócios no contrato, com respeito à autonomia da divisão de responsabilidade, especificando o campo do seu objeto social.

Decorre da premissa tonificada no elenco, pois, um predicado que tem caráter inovador na concepção do direito positivo e se adstringe ao preenchimento de espaço com a finalidade de ter aplicação subsidiária e dirimir ao máximo as controvérsias na sociedade, com administração do risco e grau de responsabilidade.

A tendência da constituição de sociedade simples entre marido e mulher apresenta restrição consubstanciada no regime matrimonial estabelecido, evitando-se, com isso, confusão.

Não se pode desconhecer, cogitada a realidade das cooperativas, a impulsão do agronegócio, sua relevância em termos de produto interno bruto e a associação de tipos societários aglutinando a forma de produção em série, e visar projeção do negócio em escala.

Projetado o modelo que serve de fortificação à percepção da sociedade simples, nossa disposição revela o interesse de levar aos operadores do direito o conhecimento acerca da novidade, em todos os seus aspectos essenciais, dinamizando papel principal na constituição e secundário quando formata posição supletiva ou subsidiária de incidência, cujo contexto respalda a pessoa jurídica, albergando a realização tipificada no contrato e formando o mecanismo associado à dicção de nascer de sua realidade, solução aos negócios firmados.

Com o resvalar da fenomenologia, pautado pelo espírito renovado, caminha-se a passos largos para o exame concentrado dos dispositivos com a respectiva significação no sentido da atividade negocial explorada.

O modelo hospedado na constituição de sociedade simples entre casal, como assinalado, não pode conflitar com regime de bens pactuado entre amigos.

Não se pode desconhecer, cogitada a realidade das cooperativas, a impulsão do agronegócio, sua relevância em termos de produto interno bruto e a associação de tipos societários aglutinando a forma de produção em série, visando a projeção do negócio em escala.

II – Constituição da Sociedade Simples e Formação do Contrato

Lei nº 10.406/2002

"Art. 997. A sociedade constituiu-se mediante contrato escrito, particular ou público, que, além de cláusulas estipuladas pelas partes, mencionará:

I – nome, nacionalidade, estado civil, profissão e residência dos sócios, se pessoas naturais, e a firma ou a denominação, nacionalidade e sede dos sócios, se jurídicas."

Comentário

Na realidade, a formação contratual acena à perspectiva solene do negócio societário, podendo ser celebrado por escrito particular ou público, contendo as cláusulas e disposições elencadas no diploma normativo, cuja finalidade é detalhar sua publicidade e assegurar trato com terceiro, na plasticidade de evidenciar sociedade simples, na dicção de sua personalidade jurídica.

Concretamente, portanto, a natureza contratual atende à circunstância da comunhão de vontades e sua autonomia na preservação que alicerça o empreendimento, daí por que a revelação do escrito por intermediário particular ou na visão pública e seu consequente registro no Cartório, mas é fundamental ponderar que existe uma petição de princípio mínima a regrar a constituição, a qual vem disciplinada nos diversos incisos do art. 997 do novo Código Civil.

Diretamente, a tessitura implica personificação com a subsunção ao quadro jurídico, cujas existência e validade têm na eficácia do ato seu ponto culminante, donde é curial sublinhar a grande maioria dos atos contratuais por meio de escrito particular e em menor escala na projeção do público instrumento.

Na medida em que o instrumento do escrito particular e sua publicidade dependem da validade que comporta o registro, essa natureza atende à dupla circunstância de produzir efeitos interno e externo no que concerne aos terceiros que contratam com a empresa.

A despeito de formalizar o contrato repousando no escrito particular, a sua essência gera um fator de segurança com o respectivo registro que compete ao das pessoas jurídicas. Eventualmente, na disposição do instrumento público, a situação do registro é para relacionar o negócio e manter sua higidez com o mercado e terceiros, sem a dispensa que simbolizaria o nascedouro da pessoa jurídica em todos os ângulos de sua formação.

Exige o inciso I, para que o contrato tenha validade, declinação do nome, nacionalidade, estado civil, profissão e residência dos sócios, sendo pessoas naturais. Significa dizer que é de rigor detalhar, ponto por ponto, os dados que cercam os integrantes da empresa.

Com isso, é prioridade do legislador identificar os sócios sem ocultar qualquer dado que componha a estrutura societária, lançando nome completo, nacionalidade por causa do ingresso de diversos empreendimentos decorrentes do capital estrangeiro, e na modalidade de pulsar investimentos e ainda para abrir o leque da inversão do capital, no exame da regra do ilícito hospedada na lavagem de dinheiro.

Complementada a tônica da sociedade entre os elementos da pessoa física, imprescindível anotar o estado civil, a exemplo de solteiro, casado ou, ainda, separado, divorciado, acrescentando a profissão, que poderá ou não estar entrosada com o objeto social a ser atingido. Ademais, cuidou o legislador simplificadamente de cogitar sobre a residência e não domicílio dos sócios, com ânimo de permanência, talvez na etapa de diferenciar a sede da empresa onde exerce sua atividade, além da própria moradia, aplicando-se ainda interesse de se conhecer o detalhe quando for estrangeiro o sócio.

Diante da pessoa jurídica, se firma ou denominação social, a preocupação basilar está cingida à nacionalidade e sede dos sócios, contendo caráter de saber se nacional ou estrangeiro, e qual o principal estabelecimento que serve de comando e diretriz à existência da empresa.

Optando pela firma, ela encerrará a formação da identidade e transparência com o princípio de direito comercial para evitar dúvidas ou ditar contradições, enquanto na denominação social levará em conta outro aspecto ou fantasia que se associa ao ramo empresarial.

Enfim, nota-se uma fórmula que alcança visualizar a formação do negócio societário dentro da visão empresarial, na possibilidade de sócios pessoas físicas ou na composição de pessoa jurídica no quadro da empresa, destacando-se a nacionalidade como ponto de harmonia e, outrossim, a residência quando se cuidar de pessoa física ou domicílio na essência do estabelecimento pessoa jurídica.

Avançando por esse caminho, cumpre ao contrato social elaborar, de forma programática, a fotografia do negócio societário, com a participação das pessoas jurídica ou física, as quais fazem parte da operação na consecução da própria atividade, mas os elementos entram na figura do contrato. Por tal raciocínio, é imprescindível que sejam aportados os subsídios na avaliação do escrito assinado entre os interesses.

Disso resulta o conhecimento de maioridade, estado civil, participação do casal, afora o fomento de ser estrangeiro ou nacional, mesmo naturalizado; tudo somado, aglutina um pressuposto que permite ao mercado como um todo traçar sua linha de conduta da assunção de maior ou menor risco.

"II – denominação, objeto, sede e prazo da sociedade."

Ao ser constituída a sociedade simples, bem importante é revelar sua denominação social, que se preocupa no simbolizar a razão e obedecer aos dados de registro e a própria concorrência, na proteção do consumidor, do mercado, haja vista a veracidade imprimida no ramo de negócio encontrando-se, na projeção do bem imaterial ou incorpóreo, fator aglutinante da empresa.

Na definição do objeto social e atento à teoria da *ultra vires societatis*, pode-se extrair o parâmetro que forma o predicado da exploração econômica e empresarial, da dimensão descritiva do regime comercial com os segmentos que interferem no planejamento estabelecido.

De fato, o objeto é a razão de ser da empresa que representa a atividade da sociedade simples. Por sinal, é dentro de sua característica que se lança a percepção de alcançar o papel buscado de atender ao reclamo dos sócios e ao conflito concorrencial.

Hodiernamente, com o surgimento maciço dos negócios eletrônicos, a empresa virtual de simples hospedagem ganha corpo e solidez no mercado, entretanto, suscita o legislador a revelação da sede como norte a ser descrito no contrato de formação. Embora haja uma tendência que tonifica padrão de vantagem e benefício fiscal, o principal estabelecimento deve se compatibilizar com a carga de trabalho, volume de produção e seu reflexo em relação às circunstâncias gerais.

Diante da faculdade de abertura de filiais, sucursais e agências, além de representações, tem-se por elementar a declaração da sede no contrato que traz reflexo primário na consecução do seu exército, elimina controvérsia e divulga com o registro da pessoa jurídica. Cabe ainda proclamar que a sede exerce papel de relevo na hipótese de insolvência com eventual decreto de quebra, para orientar o juízo universal e observar dentro do contexto a correlação da tarefa com seu resultado.

A situação inerente à sede da sociedade também encerra conotação da forma de tributação, notadamente quando houver prestação de serviços, para o domicílio tributário e a imposição da hipótese de incidência.

A situação inerente à sede da sociedade também encerra conotação da forma de tributação, notadamente quando houver prestação de serviços, para o domicílio tributário e a imposição da hipótese de incidência.

A definição do prazo de duração pode ser diagnosticada no contrato de constituição da sociedade simples. Isso servia mais na hipótese de atividade envolta em negócio determinado, mas a regra conclama ao percentual maior de empresas com prazo indeterminado, cuja diferença se apega ao perfil do sucesso que a torna duradoura ou do insucesso que gera sua dissolução e futura liquidação.

"III – capital da sociedade, expresso em moeda corrente, podendo compreender qualquer espécie de bens, suscetíveis de avaliação pecuniária;"

A conferência do capital social por meio de bens ou em espécie ganha o curso avaliatório necessário para se cogitar sobre o valor prometido e aquele integralizado. Obrigatoriamente, a repercussão tem a situação desenhada na arquitetura de uma possibilidade de ingresso do capital representado por dinheiro, moeda estrangeira, moldada pela conversão, ou imóveis, tudo que puder receber avaliação.

Inadmite o legislador bens que não possam ser traduzidos em pecúnia na evolução da constituição do negócio societário, embora sem capital mínimo, ou tempo de sua integralização, fundamental o aporte de recurso que possa corresponder à expectativa da atividade.

Consabido que as empresas denominadas sociedades anônimas possuem capital expressivo, as limitadas de médio porte, enquanto as que timbram o caminho de micro e pequenas empresas um patrimônio menor, surgindo as sociedades simples como meio-termo, na intermediação de capital a ser preservado e o *intuitu personae* que sedimenta seu ponto de estandartização.

Compostos os diversos aspectos que irradiam o conceito, para que se tenha a noção de sociedade simples, é fator de sumo relevo e imprescindível a conjuntura voltada para o contexto do capital social, tanto imediato com a entrada em numerário direto ou indireto e sujeito à avaliação.

Sublinhe-se a responsabilidade dessa avaliação na configuração do tipo societário e perante o mercado, vez que, se houver diferenciação, não se exime o faltoso de responder à sociedade e a terceiros que basearam o negócio no lastro do capital.

Entretanto, há uma elasticidade no capital, diante do aumento ou sua redução, equacionando problemas derivados do exercício da atividade, simbolizando um reflexo da normalidade dos negócios e ajustes de percurso essenciais.

"IV – a quota de cada sócio no capital social, e o modo de realizá-la;"

Delineia-se a sociedade simples no seu capital por expressar a quota como fator de tradução da respectiva participação. De modo emblemático, traz no seu interior o retrato da realidade de cada sócio na vocação de indicar a promessa e contribuir para a integralização na maneira de sua feitura.

A configuração da quota se aplica ao sócio pessoa física que está identificado no contrato, e também da pessoa jurídica que assinala o perfil associativo empresarial.

No diapasão do contributo desenvolvido na quota, permite-se conhecer a realidade de sua efetiva participação, no grau de assegurar a tendência da higidez do capital social, e sustentar meios de realização compatíveis com a respectiva natureza.

De fato, exteriorizado o elemento da quota pertencente ao sócio, disso resulta um espaço de tempo necessário e reputado suficiente à digressão em torno da consecução do resultado positivo. Dessarte, não pode a empresa esperar a indefinição, mas, sim, comportar mecanismo que instrumentalize sanção na hipótese de inadimplemento contratual.

Calcado na premissa ditada pela obrigação e sua forma de realização, enfocam-se o intervalo necessário e a impossibilidade de sua realização, com a perspectiva de exclusão ou redução do capital social, na previsão do contrato e deliberação da maioria.

"V – as prestações a que se obriga o sócio, cuja contribuição consista em serviços;"

Na formação da empresa, a contribuição pode advir do importe em dinheiro ou mediante serviços. Dicotomicamente, temos os sócios que ingressam com o capital e outros com o serviço, no trabalho ultimado para efeito de caracterizar sua prestação.

Rotula o serviço cada contribuição que forma o capital social sob o ponto de vista da atividade desenvolvida de conteúdo intelectual ou que assuma relevo no objeto sócio da empresa.

Descortinar o conteúdo da prestação simboliza ter o pulso da situação em intervalo de tempo que media a constituição da empresa e a parcela do serviço que integra seu capital.

Bem na visão repassada, portanto, compete aos sócios que empenham os trabalhos na constituição do capital social definir o modo, a forma e o tempo na radiografia de estampar adimplemento.

Podendo reduzir o tempo descoberto no contrato, isso é fator positivo, e, na hipótese da dilação do prazo, haverá de ser tomado o consenso da maioria a fim de se evitar solução de continuidade ou eventual sancionamento.

Os sócios podem mesclar capital com serviços, ou simplesmente atribuir ao último a finalidade contributiva das respectivas participações. No entanto, é uma maneira de atender à circunstância inclusive em tempo de dificuldade de transformação do potencial em dinheiro, deparando-se com especificidade em sintonia com a realidade do quadro empresarial.

Delimitados o ângulo da contribuição e o modo do serviço, acompanha a sociedade a tônica que tem reflexo no desenvolvimento de sua atividade e direciona à obrigação sem maiores dificuldades na ordem prática dos negócios.

"VI – as pessoas naturais incumbidas da administração da sociedade, e seus poderes e atribuições;"

Ao disciplinar o exercício da gerência, traçou o legislador da obrigatoriedade de revelar ao contrato societário, sem sombra de dúvida, quais seriam os responsáveis pela administração, pondo em relevo a competência que é prioritária com a divulgação e publicidade, notadamente com o ato registrário.

Repousa no aspecto debatido fator de sumo retrato da realidade, de cuja circunstância é preciso salientar o envolvimento com os poderes da gerência, de modo individual ou plúrima, ainda delegada, refletindo vivamente na caracterização da responsabilidade limitada ou ilimitada.

Efetivamente, quando houver o excesso, desvio ou abuso manifestamente comprovado, nenhuma dúvida pode acontecer naquilo que se relaciona à imputação da responsabilidade, com o consequente atrelar dos bens individuais.

Donde a plasticidade enseja a transparência e a nítida clareza no dado que qualifica o substrato da identificação das respectivas pessoas naturais, no exercício diretivo da administração, e paralelamente aos poderes que lhe foram conferidos, dentro da regra de atribuição.

Bem, assim se denota que cabe ao estatuto societário, com seu respectivo registro, detalhar os aspectos divisando os poderes específicos no exercício da gerência, na representação da sociedade, na perspectiva dos negócios e ainda em juízo, contemplando, um a um, todos os predicados inerentes aos atos praticados.

De se observar que a disciplina detalhada e *numerus clausus* evita dúvida, tempera o interesse e mostra a ressonância de segurança na relação interna e com direção aos terceiros, fluindo pontos positivos na categoria da atribuição e por corolário na moldura dos poderes.

Enfaticamente, pois, os poderes concernem à capacidade dentro da delegação que é efetivamente exercida, ao passo que a atribuição é a competência timbrada no leque das funções do administrador e que prioriza a efetividade da situação societária.

"VII – a participação de cada sócio nos lucros e nas perdas;"

Naturalmente, o escopo primordial da empresa desenvolve a ideologia de lucratividade, ante a atividade-meio de organização e aquele fim de conseguir haurir resultado financeiro, daí a tônica de ser inaceitável a sociedade leonina.

A vedação de se conceber apenas o lucro para uma determinada posição societária e o prejuízo permanecer sempre determinado coaduna manifesta situação de ilegalidade, que consagra a invalidade do negócio e infirma sua eficácia.

Dentro da norma que se consolida, notadamente em direção à sua categoria, forçoso reconhecer que a divisão de lucros e prejuízos assemelha um resultado contemplado no balanço, de tal modo a ser imperativo um equilíbrio que divisa a responsabilidade partilhada.

Essencialmente, na tônica acenada com reflexo no contrato societário, delibera-se na constituição a fórmula que tenha o condão de enfrentar o dificultoso ângulo da participação nos resultados e assunção dos prejuízos.

Com efeito, a premissa fundamental tem no seu contexto a natural limitação de responsabilidade, que pode se tornar ilimitada em virtude de algumas circunstâncias, porém é imprescindível ponderar que a divisão de lucros e prejuízos atende à constituição e se desloca a título de exteriorizar acento na ótica de terceiros.

Didática e concretamente, não é permitido que o contrato exclua e determine o lado positivo em face de um sócio e se lhe permita atribuir prejuízo a outro, resultando na cláusula leonina e desprovida de qualquer suporte de validade.

"VIII – se os sócios respondem, ou não, subsidiariamente, pelas obrigações sociais."

A responsabilidade subsidiária é via excepcional que enfrenta a regra da limitação como base de petição de princípio à formação do negócio societário, diante da sustentação de um conjunto de direito e obrigações hospedados no *status socii*, convalidando a empresa e alargando sua dimensão no mercado.

Contudo, em hipóteses precisas e restritas, torna-se viável diagnosticar subsídio que discipline as circunstâncias da subsidiária responsabilidade, no contexto do contrato societário, na garantia de terceiros que se relacionam com a atividade enfocada.

Natural afirmar que a inclusão do preceito no contrato não elimina a desconsideração da personalidade jurídica, ou inibe que alcance patrimônio individual, nas correspondentes maneiras de se enxergar abuso, fraude, desvio, excesso ou violação da lei ainda contratual, principalmente quando o Fisco estiver a cobrar tributos.

Salutar saber de antemão a previsão do contrato na partilha da responsabilidade e o norte da subsidiariedade, como indicativo que gera efeitos práticos e elimina discussão inócua no tempo do contingenciamento de eventual culpabilidade.

Bipolarizado o ângulo da culpa subjetiva e de ordem objetiva, na linha de pensar e formar o raciocínio, disso se tem a regra que se funda na culpa, ou pode explicitar um leque maior, quando resultar previsão normativa que encerre uma visão do conjunto na atribuição de responsabilidade social.

As obrigações de interesse da sociedade podem não ter sido contraídas de forma que divise a participação na responsabilidade de todos, mas é comum incidir a teoria da aparência, sendo válida vedação no eximir a obrigação de ressarcir o dano.

Estabelecida a responsabilidade subsidiária, tal formaliza a obrigação primeira da empresa e, na hipótese da falta de capitalização suficiente na dimensão do patrimônio, subsiste o fator que apontará no horizonte dos sócios.

Malgrado possa cair a regra na letra morta do seu esquecimento, ante a boa técnica de restrição da responsabilidade, nada impede de se classificar a forma subsidiária dentro de uma segura transparência e seriedade na assunção dos riscos do negócio empresarial.

"Parágrafo único. É ineficaz em relação a terceiros qualquer pacto separado, contrário ao disposto no instrumento do contrato."

Palmilhou o dispositivo normativo linha de frente na consideração de dotar os terceiros de visibilidade, evitando-se a proliferação de instrumentos definidos nos pactos particulares, excludentes das responsabilidades, ou refratários ao simbolizado no escrito da constituição da empresa.

Bem na visão iluminada pelo trecho analisado, as cláusulas sedimentadas à deriva do contrato e marginais ao seu ponto de conhecimento não têm eficácia alguma e tampouco efetividade suficiente à caracterização do alcance comum.

Definitivamente, os pactos extrassocietários que não se harmonizam com a tendência do contrato e sinalizam forma de falta de coerência com o espírito estatutário, livres de eficácia, caem no vazio, tanto no que tange aos terceiros, mas, principalmente, em relação ao crédito tributário ou não tributário.

Conviria aos sócios para eliminação de responsabilidade e de forma interdisciplinar fugir à responsabilidade, mediante a regra limitada que não sucede incidência na esfera de terceiros, por ser dotada de ineficácia, conhecidamente essa anomalia em nada altera a regularidade da sociedade a prestigiar os atos com o mercado.

Revitaliza-se a segurança das relações societárias em direção ao divisor de água na estilização de um comando sem conflito interno ou entrechoque de interesse, moldando a projeção de sublinhar plena eficácia ao escrito e nenhuma ao pacto que fere a sua existência, proclamando flexibilidade natural de acentuada maleabilidade inoperante.

Notadamente, dentro do conceito *erga omnes*, a matéria ganha corpo e, decididamente, aprimora sua finalidade, na medida em que os terceiros ficam imunes a qualquer categoria que nasça sem embasamento do negócio estatutário.

De importância capital aspergir o conteúdo, eliminar a regra de controvérsia e constituir o balizamento que renova a validade do pacto parassocial, incidente na autonomia de vontade, dissecando eventual dúvida, a fim de consubstanciar ineficácia de eventual disposição destoante do contrato societário.

Colimou o legislador impedir pactos desgarrados do núcleo contratual da sociedade simples, notadamente descaracterizando qualquer eficácia perante terceiros, alimentando o aspecto salutar das regras livremente pactuadas.

Não é sem razão, portanto, que qualquer norma contrária ao escrito solene aguça o brocardo *res inter allios acta*, não produzindo qualquer eficácia.

Respeitante ao tema enfrentado, mobiliza-se o legislador em torno da segurança da regra societária, por meio do registro e publicidade, para que os terceiros não venham a ser colhidos de surpresa, fruto de cláusulas não previstas ou ajustadas.

"**Art. 998. Nos 30 (trinta) dias subsequentes à sua constituição, a sociedade deverá requerer a inscrição do contrato social no Registro Civil das Pessoas Jurídicas do local de sua sede.**"

Uma vez constituída a sociedade simples, dentro do trintídio legal, deverá ser requerida a respectiva inscrição no Registro Civil das Pessoas Jurídicas correspondente à sua sede, de molde a lhe dar publicidade e ganhar contorno de validade no grau de eficácia perante terceiros.

Importante considerar a regra do Registro da Pessoa Jurídica, ao contrário das empresas comerciais que têm arquivo no Registro de Empresas Mercantis e Atividades Afins, independentemente do objeto, a teor da Lei nº 8.934, de 18 de novembro de 1994, no disposto em seu art. 2º, a definir a tipicidade do ato revelado.

A natureza do prazo definido pelo legislador, de 30 dias, deve apresentar interpretação teleológica, na medida em que para se revestir de personalidade jurídica é imprescindível a inscrição no registro público.

Diferentemente das sociedades empresárias, com registros nas juntas comerciais, aquelas sociedades simples permanecem adstritas aos cartórios de títulos e documentos, no propósito do registro de constituição.

Muitas vezes não é possível, por diversos fatores, conseguir o registro, no prazo de 30 dias à constituição, para efeito de requerimento, porém, categoricamente, deve-se flexibilizar a norma, desde que não acarrete prejuízos para os sócios ou em atenção a terceiros.

Vislumbra-se, ainda, que a constituição das sociedades simples pode se definir por aportes ou participações não implementados no prazo formulado pelo legislador, de 30 dias, ou eventual dependência de alvará judicial, tudo a refletir a manutenção do princípio da boa-fé objetiva entre os sócios.

Entretanto, guiando-se pela Lei de Registros Públicos, o diploma nº 6.015/1973 optou o legislador em matéria de sociedade simples seguir a redação do art. 114 da mencionada legislação, haja vista sua redação:

Lei nº 6.015/1973

"Art. 114. No registro civil de pessoas jurídicas serão inscritos:

I – os contratos, os atos constitutivos, o estatuto ou compromissos das sociedades civis, religiosas, pias, morais, científicas, ou literárias, bem como o das fundações e das associações de utilidade pública;

II – as sociedades civis que revestirem as formas estabelecidas nas leis comerciais, salvo as anônimas;"

Priorizado o registro no Cartório das Pessoas Jurídicas, colimando publicamente ao ato e visando entrar na órbita diretamente relacionada à eficácia, dentro do prazo de 30 dias, fez-se uma diversificação no que tange às sociedades comerciais que têm o arquivo voltado para as Juntas que seguem o Registro Público de Empresas Mercantis.

A tendência demonstra que as sociedades civis poderão se revestir de forma mercantil, muito embora seja o registro de natureza específica, feito no âmbito da pessoa jurídica, sem conotação comercial propriamente dita na plasticidade do negócio empresarial.

Ao sinalizar a forma prevista na lei comercial, em definitivo, o legislador não buscou comparar o modelo, ou atribuir conotação empresarial, mas, simplesmente, destacar roupagem atrelada à sociedade simples.

"§ 1º O pedido de inscrição será acompanhado do instrumento autenticado do contrato, e, se algum sócio nele houver sido representado por procurador, o da respectiva procuração, bem como, se for o caso, da prova de autorização da autoridade competente."

Enseja a interpretação teleológica do preceito a pontual característica de autenticação do contrato para efeito de registro, verdadeira *condicio sine qua non* que empresta eficácia ao termo levado ao Cartório das Pessoas Jurídicas, de tal sorte a servir como instrumento de sua regularidade, dentro do predicado acenado.

Quando houver representação do sócio, necessariamente constará o documento de outorga para ter o condão de validar o ato praticado, no exercício do mandato conferido, vislumbrando identidade de propósito e a similitude naquilo expresso e o que fora desempenhado, sem margem à dúvida na atividade propugnada.

De modo fiel, cabe ponderar se a sociedade depender de autorização, é fundamental que se anexe ao ato de registro a comprovação da autoridade responsável, dotada de competência, para chancelar o respectivo ato que determina sua plena correlação com o tipo de negócio societário.

Essa linha que destaca o pensamento normativo insere no seu contexto a obrigação de comprovar, de início, que a sociedade tem autorização expressa da autoridade encarregada vaticinando o exercício da atividade, sem qualquer ressalva, garantindo fomento ao dito registrário.

Com sentido na percepção do objeto examinado, compete ao notário, dentro de sua responsabilidade, analisar o conteúdo do documento exibido e verificar o atendimento de seu pressuposto, reunindo as condições indicadas que asseguram a eficácia do ato registrário.

Da viabilidade do registro é que nasce a expectativa que se destina à validade ditada na publicidade estampada no Cartório da Pessoa Jurídica, consequentemente entrará no mundo daquela delimitação negocial imbuída de seu propósito e com chancela assimilada por efeito instrumentalizado no contrato.

Especificamente, no prazo de 30 dias, fará a sociedade o encaminhamento completo da documentação e demais subsídios que apresentam mecanismo traduzindo o negócio dotado de autonomia de vontade, permitindo que o notário desça a detalhe e, se for o caso, exija a complementação de acordo com a legislação em vigor.

"§ 2º Com todas as indicações enumeradas no artigo antecedente, será a inscrição tomada por termo no livro de registro próprio, e obedecerá a número de ordem contínua para todas as sociedades inscritas."

O escopo definido além da publicidade espelhada para efeito de registro delimita bem o ângulo do preenchimento formal das exigências, cujo atendimento desembocará na adoção de medidas, fortificando o aspecto interno da entidade na busca de transparência e o respeito à ordem de entrada dos pedidos.

É evidente, nessa linha de sinalizar, a existência de livro próprio, destinado ao registro de pessoas jurídicas, dando sequenciamento que estampa a forma que prioriza obediência ao princípio da continuidade empresarial.

Natural asseverar que os atos notariais têm um fator preponderante que exterioriza a formalidade e a prestação do serviço público, mediante condição geral que se harmoniza com o lançamento da inscrição no livro próprio e na sequência imposta pela ordem.

Bem, por isso, estando tecnicamente perfeito o conjunto da documentação apresentada, passa-se à fase do registro em livro próprio e na ordem de anterioridade com sequência numérica catalogada.

Cumpre ponderar que a observação proclama o princípio cogente, de ordem pública, na dicção do estabelecimento de orientação, consolidando cronologia atenta às sociedades simples levadas a registro.

Cuidou o legislador de identificar no tópico analisado o quórum de votação, conforme as matérias, por maioria, ou unanimidade dos sócios.

Referida cautela deverá ser adotada, para permitir o registro e coincidir com a previsão estampada no art. 997 do próprio Código Civil.

Bipolariza-se o comando, de um lado unanimidade, mediante consentimento expresso de todos os sócios, e outras questões, por maioria absoluta, quando o contrato não preveja o contrário.

Lei nº 10.206/2002

"Art. 999. As modificações do contrato social, que tenham por objeto matéria indicada no art. 997, dependem do consentimento de todos os sócios, as demais podem ser decididas por maioria absoluta de votos, se o contrato não determinar a necessidade de deliberação unânime.

Parágrafo único. Qualquer modificação do contrato social será averbada, cumprindo-se as formalidades previstas no artigo antecedente."

Sintetiza a redação normativa duplo aspecto, o primeiro afeto às deliberações na sociedade e o quórum de aprovação; o segundo destaca averbação que se torna obrigatória, no sentido de ensejar a produção dos regulares efeitos, na modificação do preceito vigorante desde a constituição do negócio societário.

Ao se reportar ao art. 997 e seus respectivos incisos, na verdade, o dispositivo analisado prestigiou unanimidade na deliberação quando resvalar no fator ligado à constituição, dando a possibilidade de competir à maioria decidir se a matéria disciplinada não se relacionar com a situação preconizada no nascimento do ente empresarial.

Bem natural ponderar que, na atualidade do regime empresarial hospedado na globalização em sintonia com a dinâmica que preside os negócios na direção de maximizar lucros e otimizar resultados, a deliberação por unanimidade tem sido relevada, ficando numa projeção secundária da vida societária, haja vista a regra deliberativa a favorecer o mecanismo da maioria.

Contudo, ao entender que as cláusulas pétreas formadoras do negócio societário de qualquer forma interferem na autonomia e no quadro geral da empresa, sinalizou o legislador com a necessidade da presença completa de quórum e somente nas condições visualizando assunto diverso poderá se cogitar na maioria.

Importante realçar que a deliberação majoritária será tomada quando não houver disposição consolidada no contrato em sentido diverso, autorizando que a unanimidade seja preterida pela maioria que delibera em proveito da sociedade simples. E tal predicado, sem sombra de dúvida, representa um ponto de equilíbrio na consideração nua e crua acerca da conotação pessoal da vontade a ser harmônica com o tipo deliberativo acenado por intermédio do quórum específico.

Uma vez deliberada a matéria, por unanimidade, ou majoritariamente, atenta à realidade do contrato e da circunstância do tema, referida modificação do contrato deverá ser levada à averbação no Registro das Pessoas Jurídicas.

E não poderia ser diferente, porque, com a alteração havida no seio societário, em relação ao momento primeiro da constituição, consequentemente a matéria deverá se entrosar com o núcleo da circunstância ditada pelos sócios que pretendem consolidar uma nova realidade.

Efetivamente, a deliberação perpassa o mero limite do âmbito individual e ganha corpo na projeção que assume pelo nítido relevo em relação aos terceiros, que tomam conhecimento, inescondivelmente, somente efetuado o seu registro público.

Consequentemente, a modificação conterá a matéria, data, quórum, com a votação, e a respectiva ata da assembleia terá seu encaminhamento destinado ao Registro das Pessoas Jurídicas, contemplando averbação.

Lei nº 10.406/2002

"Art. 1.000. A sociedade simples que instituir sucursal, filial ou agência na circunscrição de outro Registro Civil das Pessoas Jurídicas, neste deverá também inscrevê-la, com a prova da inscrição originária.

Parágrafo único. Em qualquer caso, a constituição da sucursal, filial ou agência deverá ser averbada no Registro Civil da respectiva sede."

Em linhas gerais, cumpre o disciplinado na norma a situação que regula a existência de filial, sucursal ou agência, vinculando-se à principal atividade da sociedade simples, caracterizando a necessidade de ser levado o contrato a Registro com a comprovação da existência anterior, simbolizando negócio empresarial diretamente entrosado com o tipo formal da origem constitutiva da empresa.

Dupla mão indica a filial, sucursal ou agência, o registro autônomo, independente e com a prova da tipificação do relato documental no propósito de ficar averbado em ambos os arquivos acerca da existência da matriz e de outras empresas abertas.

Normal, pois, despontar a possibilidade em questão de empreendimento, do norte de serem abertas tantas empresas quantas necessárias forem para gerir a administração do negócio. No entanto, sempre se terá o conhecimento de espelhar um registro em ambos os locais, isto é, na matriz e nas outras que sucederam jungidas à atividade principal.

Consabido nessa linha de raciocínio que filial, sucursal ou agência, na coerência que representam com o negócio originário aberto, têm as circunstâncias adstritas ao comércio dito pela função da sociedade simples, conduzindo ao registro acompanhado da prova inconteste sobre a existência de formal tipificação da atividade.

Nessa premissa, a filial é a ramificação desenvolvida, assim a sucursal tem conotação da representação, na definição de sua finalidade, e agência torna palpável o sentido de ocupação territorial adstringindo os elementos indicativos que adjetivam uma espécie de descentralização do negócio.

Fundamentalmente, por uma justificativa própria da atividade gerida, pode ser interessante à empresa a constatação de mercado na agregação do produto e atingimento do consumo, daí por que pode tocar de perto a expressão de direcionar o registro em denominados e determinados lugares que atraem o público ou representam economia de investimento no retorno esperado.

Em cada registro civil das pessoas jurídicas, sem a menor dúvida, haverá o destacado ato de averbação quanto à perspectiva da sucursal, filial, ou mesmo agência, diferenciando a classificação e conceito entre elas, mas, na matriz, terá também o acesso àquele dado que conferirá conhecimento amplo dos negócios.

Disso resulta, na preocupação do legislador, um dado de sumo relevo, qual seja, a interpretação clara que simboliza o integral conhecimento que é passado ao mercado e terceiros acerca da sociedade. De fato, a solução apontada se dirige na compreensão pura e natural da sociedade simples, com a pluralidade de atividades coordenadas para a extração de subsídios que revele o campo de exploração negocial.

Constituída regularmente a sociedade simples, e ingressando dentro do campo de validade, dotada de eficácia na sua efetividade, com o respectivo registro, sempre será vital a presença de filial, sucursal ou agência no diagnóstico da abertura, bem ainda nas pontas servirá o informe para conter todo o tipo em vigência.

Timbrando o ângulo que correlaciona o ambiente com sua feitura do negócio, tanto na sede como em outras localidades, independentemente de qualquer formalidade, sinalizará a presença de vários modelos que instrumentalizam o negócio, porque isso marca a responsabilidade e distingue qual lugar simplesmente perfilha o raio de ação da empresa.

Disso resulta ainda a certeza que converge a segurança no aspecto de tempo e as regiões onde funcionam os negócios, de tal modo que nenhum dado obscuro ou isolado ficará desconhecido, haja vista a ciência com o registro e averbação situando a posição societária na interpretação plural do negócio.

O simples fato de não ter repercussão no aspecto de lucro não significa, em absoluto, possa ter, a sociedade simples, configuração plural, isto é, sucursais, filiais ou agências.

A hipótese preconiza, por seu turno, o âmbito da exploração da atividade e sua consecução prática.

Entretanto, a roupagem do modelo societário não é de molde a servir de impedimento para eventual caracterização do fato gerador da obrigação tributária.

Bem, por tudo isso, muitas atividades, pretendendo alíquota fixa para efeito de tributo municipal, organizam-se na forma unipessoal, porém, a jurisprudência, de seu turno, entende não ser a hipótese do benefício fiscal, configurado na interpretação da norma.

Quando se atribui o serviço pela qualidade profissional, é preciso analisar a pessoa jurídica e sua conotação empresarial.

Caso típico foi analisado no Recurso Especial 1.189.561, do Paraná, pela Ministra Eliana Calmon, julgamento datado de 19 de agosto de 2010, desvencilhando o enquadramento para o aspecto de incidência tributária, em razão da finalidade tipicamente empresarial, não podendo, por si só, enquadrar-se no benefício tributário.

Destarte, não apenas a função institucional merece maior atenção, mas, sobretudo, o objetivo visado pela constituição de sociedade simples, quando se cogita fugir da incidência tributária, e redução da carga daquela entidade organizada.

Enfim, o conceito institucional soma-se às categorias e ao exame do atributo da pessoalidade, quando sobressai a pessoa jurídica, com maior relevo, descaracteriza-se o ente, para enquadrá-lo no aspecto primordial do lucro.

III – *Status Socii*, seus Direitos e Obrigações

Lei nº 10.406/2002

"Art. 1.001. As obrigações dos sócios começam imediatamente com o contrato, se este não fixar outra data, e terminam quando, liquidada a sociedade, se extinguirem as responsabilidades sociais."

O plexo de relações que simboliza o conjunto de direitos e obrigações dos sócios enfeixa o denominado *status socii*, que tem o condão de revelar na sua plasticidade a correspondente presença do conteúdo encerrado na formatação do negócio societário contratual.

De forma direta, observa o legislador o ponto relevante que desperta o contrato, na direção de fixar o limite temporal a surtir efeito na situação obrigacional do sócio quando esse ângulo sucederá enfim terminado com a liquidação empresarial.

Simbolizando uma carga de conteúdo preconizada na regra que confere direitos e obrigações, regra estampa o nascimento direto a partir da formalização do contrato e respectivo registro, ao passo que a responsabilidade perdurará até final liquidação da sociedade.

Na hipótese radiografada da previsão contida no contrato, tudo indica que a regra deva se casar com uma interpretação a divulgar sentido e razoabilidade, de modo a haurir aspecto seguro na perspectiva de sua aplicação como tópico de incidência.

Generalizando os conceitos, a regra geral indica o começo da responsabilidade a contar da atividade e seu término com a liquidação, emblematicamente com o pagamento do passivo e realização do ativo.

Normal destacar, na quadra apontada, que a liquidação a qual se reporta o dispositivo normativo pode ser de visão extra, como também de leque judicial, na dinâmica que prepondera a comunhão de vontade entre sócios, assinalando o tempo que é necessário para corresponder à extinção da obrigação.

É salutar ponderar que a saída do sócio, por si só, não gera cessação de sua responsabilidade, mormente se exerceu a gerência com incumbência de ordem administrativa, daí se é clara a pretensão de fluência com o contrato, o término formaliza-se na liquidação desde que envolva suficiência do ativo, porque se descaracteriza a personalidade jurídica. Pessoalmente responderão os sócios que infringiram a lei, que agiram com abuso ou excesso de poder e praticaram atos refratários ao contrato social.

O encerramento da atividade societária, no modelo simples, no viés legislativo, estaria exaurida a responsabilidade quando houvesse a liquidação.

Referida liquidação deve ser entendida e compreendida como aquela proveniente do processo inerente à solução das obrigações, e não, portanto, de encerramento irregular da sociedade.

Poderá acontecer, em hipóteses pontuais, a desconsideração da personalidade, para alcançar os sócios, seus patrimônios particulares, pelo abuso, desvio ou má gestão.

"Art. 1.002. O sócio não pode ser substituído no exercício das suas funções, sem o consentimento dos demais sócios, expresso em modificação do contrato social."

Dentro do princípio da *affectio societatis*, o cumprimento previsto no contrato externa a vontade associativa sob a ótica funcional da empresa que dirige atividade no prisma dedicado à sociedade simples, onde a escolha se faz por critério interno da administração.

Vedado estipular a substituição das funções para o qual o sócio se encarrega sem o consentimento dos demais, disso se pode interpretar que a alteração depende da expressa manifestação de todos que fazem parte do negócio societário.

Retirar o sócio de sua função original ou derivada implica alteração do comando societário que edifica a responsabilidade da administração e congrega todos os elementos típicos das sociedades simples, em virtude de poder ser a colaboração em serviço.

Bem, se observa na dimensão da substituição que ela difere singular e pontualmente da exclusão ou recesso com a retirada, eis que na primeira hipótese a sociedade delibera; n'outra, o interessado expressa sua vontade para que haja apuração de seus haveres.

Entretanto, o caso elencado consubstancia simples e diretamente a substituição de função que depende da anuência dos sócios em torno do tema, a provocar reviravolta na situação do negócio contratual, haja vista sua modificação.

Consolidado o norte da unanimidade que é a regra do art. 997 na disciplina dos seus incisos, e com referência pontuada no art. 999, nenhuma alteração será autorizada nessa projeção, exceto se houver deliberação em caráter unânime.

"**Art. 1.003. A cessão total ou parcial de quota, sem a correspondente modificação do contrato social com o consentimento dos demais sócios, não terá eficácia quanto a estes e à sociedade.**"

Cuida o preceito normativo que a cessão da quota parcial ou total depende da manifestação expressa dos sócios, haja vista resultar ineficácia por causa da modificação contratual, na regra que prioriza o art. 997 e seus incisos do novo Código Civil.

A transferência da quota na sua forma parcial ou de modo total está a representar um grau de alteração do contrato original, donde é imprescindível que convirjam os demais sócios, na ausência do elemento se registrará a ineficácia em relação aos sócios e no seio da sociedade.

Forte nesse sentido, a dicção aponta uma simbiose no que se refere à existência de cláusulas conjugadas e dispersas, cuidando da eficácia na seara da manifestação de vontade e o surgimento de sua validade.

Representando a quota o lastro de participação do sócio na empresa e na formação do capital social, de fato a transferência em menor (cessão parcial) ou maior grau (cessão total) implica superveniência de dado que inova a constituição da sociedade, portanto, registra o legislador a imprescindível cooperação de todos os sócios.

Expressa a situação um comando que anota a solução entre sociedade de capital e pessoal, haja vista a regra de atenção à transferência na dependência de consentimento entre os sócios, sob pena de infirmar sua eficácia.

Sob o crivo do negócio empresarial, na sua precisão, o reflexo de eficácia apenas e tão somente advirá na hipótese de consentimento que não se presume no silêncio, mas exige forma expressa, sem que a atribuição de ineficácia contamine a circunstância no perfil da sociedade e dos próprios integrantes.

Buscou o legislador formalizar a cessão, parcial, ou integral da quota, porém, subordinada a uma condição, qual seja, a modificação do contrato social e consentimento expresso dos demais sócios.

O ato somente empresta eficácia, em relação aos sócios, e à própria sociedade, mediante consenso, e, por intermédio da alteração contratual.

A questão primordial diz respeito à falta de consenso, da propalada unanimidade, para se cogitar a respeito de eventual integração por meio de procedimento judicial adequado.

Uma vez que a finalidade integrativa da prestação jurisdicional é a de preservar a empresa e não colidindo com seu objetivo, nada impede que se consolide a referida supressão de vontade, nos termos da manifestação judicial.

"**Parágrafo único. Até 2 (dois) anos depois de averbada a modificação do contrato, responde o cedente solidariamente com o cessionário, perante a sociedade e terceiros, pelas obrigações que tinha como sócio.**"

Formula a previsão o biênio como interstício de responsabilidade haurida do cedente na hipótese definida de cessão da quota, a ser aproveitada tanto pela sociedade como relativamente a terceiros, no que tange às obrigações anteriores decorrentes da qualidade de sócio.

Salutar a sintonia dessa matriz com a perfeição do ato, na medida em que a retirada do sócio, com a cessão total, nada indica a exclusão de sua responsabilidade, mas a respectiva permanência, por dois anos, na diretriz societária e de terceiros.

Demais disso, se houve o exercício da gerência, é de incomum configuração o traço da responsabilidade como marca a perdurar pelo biênio legal, sem exceção, incidente na proteção da sociedade e tutela de terceiros.

Bem de ver que o prazo máximo de responsabilidade fixada atinge a casa de dois anos – biênio legal – depois da averbação da transferência da quota, de forma solidária que exprime coobrigação no aspecto de emitir sinais positivos no deslocamento do vínculo de causa e efeito afeto à sociedade e a terceiros.

Constatada a irregularidade ou maneira de se furtar à obrigação na condição anterior de sócio, por dois anos há uma responsabilidade administrativa pelo transferente e o transferido na dimensão da cessão da quota cuja percepção introduz segurança ao mercado e à própria empresa.

Computa-se o *dies a quo* da averbação do ato no Registro das Pessoas Jurídicas, a determinar validade, mas não eficácia plena sob a ótica da responsabilidade, porquanto subsiste sua forma e na tessitura ante a sociedade e com os terceiros.

Configurada a obrigação preexistente em relação à cessão da quota, ambos, cedente e cessionário, de modo solidário, radiografam a responsabilidade que descortina horizonte voltado à tutela da empresa e substancialmente de terceiros.

Pode-se cogitar que a solidariedade veio definida legalmente por não ser presumida, dando um preenchimento do hiato que se notava desde a cessão, com o esvaziamento patrimonial e as posições detrimentosas em vista dos terceiros credores.

O escopo buscado, durante o biênio legal, da saída do sócio-retirante foi no sentido de manter solidariedade com o cessionário, em relação a terceiros, subordinando-se à inclusão, para efeito de desconsideração, sempre levando em consideração a exigibilidade da averbação.

Em linhas gerais, saindo o sócio da sociedade simples, não basta o escrito particular para surtir efeito, cuja eficácia, reconhecida pelo legislador, subordina ao âmbito do registro público.

Pontua-se o conhecimento geral, de terceiros, a respeito da retirada, para produção dos normais elementos ligados à eficácia, diretriz societária que permeia a transparência e a segurança dos atos societários.

Caso semelhante foi apreciado pelo Tribunal de Justiça de São Paulo, no Agravo de Instrumento 1094055, cuja posição esposada ditou a não responsabilidade do cedente ao ser desconsiderada a personalidade jurídica, depois do biênio legal da retirada, por ser inadmissível a inclusão do sócio.

"Art. 1.004. Os sócios são obrigados, na forma e prazo previstos, às contribuições estabelecidas no contrato social, e aquele que deixar de fazê-lo, nos 30 (trinta) dias seguintes ao da notificação pela sociedade, responderá perante esta pelo dano emergente da mora.

Parágrafo único. Verificada a mora, poderá a maioria dos demais sócios preferir a indenização, a exclusão do sócio remisso, ou reduzir-lhe a quota ao montante já realizado, aplicando-se, em ambos os casos, o disposto no § 1º do art. 1.031."

Decorrente da aquisição do *status socii* que simboliza direitos e obrigações, há responsabilidade do sócio no cumprimento da disposição de vontade pactuada contratualmente.

Essa obrigação constitui o elo entre a vontade de se constituir a sociedade e a concretude de sua formalização, na medida em que a contribuição dispensada sedimenta a força pela qual a empresa terá condições de enaltecer a sua atividade, por não existir capital mínimo obrigatório, exceto na empresa individual

Deixando o sócio de atender à previsão contratual no tempo e no prazo estabelecidos, poderá a sociedade, para efeito de caracterizar a mora, encetar notificação, que em termos informatização e meios eletrônicos não obstaria fosse instrumentalizada com a certeza de sua chegada em mãos do inadimplente.

Respaldado na notificação levada a efeito, decorrido o trintídio legal, sem que o sócio aja e cumpra com seu dever obrigacional, responderá pelos resultados emergentes de sua mora, na forma de ressarcimento do prejuízo causado à sociedade.

Concentrado no princípio ditado, as contribuições governam o oxigênio que se alastra na construção da sociedade, sem que o sócio destine o recurso a natural comprometimento das funções contidas no objeto social, podendo significar enfraquecimento da consecução de resultado positivo.

Contemplada a relação que frutifica a mora extraída do atraso na contribuição da sociedade, rege a deliberação de exclusão pela maioria e repercute no capital com eventual redução de acordo com o preceito do art. 1.031, § 1º, do novo Código Civil.

Efetivo no aspecto, acaso queiram os sócios adquirir a quota, cuja contribuição não fora prestada pelo sócio remisso, poderão fazê-lo a fim de se evitar a redução do capital social e manter vivas as características do negócio empresarial.

Preferente à exclusão, a maioria poderá deliberar a redução da quota contributiva do sócio remisso, com o escopo de adequar sua forma e linear sua natureza ao constante da observação posterior. E, no diapasão acenado, a simples redução suaviza o efeito deletério da exclusão, mantendo o sócio, porém com capital administrado pelo esforço de sua entrada que não fora prestigiada pela integralização.

Conquanto não tenha o legislador acenado com capital mínimo e tampouco com o tempo necessário à integralização da quota, certo supor que a previsão encontrará disciplina no contrato, e doravante o inadimplemento trará reflexo com a redução ou simplesmente a exclusão.

No que toca ao prejuízo e à eventual indenização, seu cálculo partirá de parâmetro objetivo, e, se houver solução de continuidade da empresa, ante a vicissitude superveniente, antes de tudo é preocupação essencial saber se o remisso terá patrimônio para responder pelo dano cometido à empresa.

A princípio nada impede seja feita compensação entre o prometido e não integralizado, em termos de prejuízos causados à empresa que resolve deliberar, por maioria, favorável à sua exclusão da sociedade, notando-se que o dano somente poderá ser computado depois de timbrada formalmente a mora.

Evidente que tudo dependerá do aspecto concreto da mora, quando o valor da contribuição sinalizar elevado teor, e a presença, uma realidade que desconforta a empresa. Isso destaca a eliminação como processo de exclusão. Ao contrário, se o contributo não tiver expressão relevante, a mera redução poderá resolver o conflito.

Nota-se que a situação do dano emergente, por seu ângulo, comporta enfrentamento na dicção da prestação de tutela, porém, se contiver o contrato suporte dirigido ao arbitramento, justifica-se que tudo tome seu leito comum na agilidade e transparência na composição dessa circunstância acontecida.

"**Art. 1.005. O sócio que, a título de quota social, transmitir domínio, posse ou uso, responde pela evicção; e pela solvência do devedor, aquele que transferir crédito.**"

No conjunto de relações obrigacionais entre sócios, empresa e terceiros, comporta observar que há possibilidade do ingresso representado pela quota ou sua transferência implicar direito real de uso. Consequência disso, quando houver essa hipótese, responde o transmitente pela regularidade da operação, ensejando evicção diante de vício constatado na instrumentalização do negócio.

A boa linhagem do negócio no ritmo da sua ótica determina que cabe ao sócio responder pela coisa entregue. A presunção da boa-fé poderá ser diluída na circunstância sinalizada de defeito ou vício que materialize impedimento na concretização do negócio, existentes preço e valor de mercado para efeito de ressarcimento.

De modo igual, se o crédito for transferido, responderá no caso analisado pela solvabilidade do devedor, divisando uma união de forças que se concatena no prisma de visão de solidariedade, a fim de não prejudicar os negócios societários.

Evidente que não pode a sociedade ficar no impasse e amargar dano ao seu patrimônio com atitude que tonifica comportamento inconcebível do sócio, em que a pressuposição alinha parâmetro na fixação do grau de responsabilidade no direito real de uso, e outrossim, na delimitação de transferente do crédito, ajustando ao papel do devedor que assume em conjunto o prejudicado da solidariedade na hipótese de inadimplemento.

Efetivamente, a responsabilidade do sócio obedece à regra geral do Código Civil em termos de prescrição e aquela de função específica que deita raízes no aplicativo incidente nas disposições da regulamentação da sociedade simples, haja vista a ocorrência em compasso com o suscitar do problema para impor tipicidade abraçando o sócio que instrumentalizou o negócio.

Dever do sócio em tudo que se correlaciona com direito real de uso consiste na transmissão e sua garantia pela qual responde no arco de evicção desenhada no novo Código Civil, ainda nas diretrizes que envolvem o dever se trouxe dano, abrindo leque ao espaço solidário.

Mitigando o campo que agasalha o perfil do negócio jurídico subjacente sem empeço, comporta delimitar a responsabilidade da efetivação do domínio, posse ou simples uso, e na radiografia que cerca a posição do devedor cessionário do crédito, descortinando assunção do ônus adstringida ao sócio.

"Art. 1.006. O sócio, cuja contribuição consista em serviços, não pode, salvo convenção em contrário, empregar-se em atividade estranha à sociedade, sob pena de ser privado de seus lucros e dela excluído."

Familiarizado com a exclusividade do serviço prestado à sociedade, impede-se que o sócio se dedique à atividade estranha aos negócios da empresa, podendo consequentemente perder os lucros distribuídos e ainda vir a ser excluído do ente societário.

Evita-se, com isso, a concorrência e a fuga de informações que poderiam acontecer se o serviço não fosse dispensado com finalidade primordial na cata da contribuição do sócio. Destarte, a estranha atividade à sociedade representa grave violação dos deveres do sócio, sujeitando-o, por corolário, à perda dos lucros demonstrados via balança e, ainda, à exclusão com expulsão sobrevinda.

Na catalogação do raciocínio, pois, implica a transgressão da regra de prestação do serviço, simplesmente, em alimentar divergência e prejudicar o funcionamento da empresa, animando a supressão dos lucros ao lado da exclusão pontuada.

De início, cumpre comprovar que o sócio sai da linha ao não prestar serviço no âmbito do seio societário, com o alcance do contraditório, uma vez que, na hipótese de dúvida, a possibilidade da discussão judicial restará presente.

De qualquer sorte, pune o legislador a forma de conduta que destaca atividade que refoge da empresa e compartilha endereço distante do fulcro contributivo utilizado, simbolizando algum prejuízo que incidirá na diminuição do ritmo e na violação do pacto societário.

Contudo, se houver estipulação em senso contrário, cujo ponto estabeleça a viabilidade de prestação do serviço além do ambiente da sociedade, estará, portanto, protegida a situação com respaldo no ato que formata a existência da própria empresa.

Reforça-se a ideia no sentido de que profissionais qualificados e de reconhecida capacidade possam ligar a competência por intermédio de serviços que divisem pontos espalhados, não significando o vínculo entre matriz, filial, sucursal e agência, mas empresas que se interessam pela conquista do mercado no prestígio do renome aceito.

"**Art. 1.007. Salvo estipulação em contrário, o sócio participa dos lucros e das perdas na proporção das respectivas quotas, mas aquele cuja contribuição consiste em serviços, somente participa dos lucros na proporção da média do valor das quotas.**"

Interpretar a norma significa captar seu alcance, definir sua ideologia e retratar o ponto de equilíbrio entre sócios que contribuem com o capital e aqueles que participam exclusivamente mediante os respectivos serviços.

Depreende-se da constituição do negócio societário o preceito dos lucros e perdas atrelados aos sócios, para não se desenvolver algo leonino e lesivo aos interesses que direcionam a tônica da *affectio societatis*, donde o privilégio que incide no capital em relação ao serviço estampado na contribuição pessoal.

Na primeira sintonia que se dessume, lógico supor que, sem convenção específica, compete participação nos lucros e responsabilidade com relação às perdas, contingenciadas por força das quotas de capital, implicando uma equação que gera o equilíbrio, ou seja, maior o destaque proporcional ao grau de risco, inversamente menor o porcentual, de modo semelhante se comporta a expressão do risco.

Ao resvalar na diferença em atenção à participação no lucro singularmente ao sócio que presta serviço, atribui-se o fator da média do valor das quotas, calculando-se o fato gerador totalizado pelo número de sócios e extraindo-se a alíquota calcada na participação do interessado.

Inegável a dubiedade que se restringe ao sabor da média do valor das quotas, como índice geral, ou próprio do interessado que se complementa na retribuição do lucro a ser distribuído.

Bem se destaca que o valor médio significa primado que atinge lucros, porque na operação dos prejuízos existe lineamento partindo do princípio da partilha proporcional entre os sócios, nos quinhões que representam para efeito do capital formado.

Equação média do valor das quotas indica que o sócio detento do serviço não receberá integralmente a parte do lucro. No entanto, de forma diferenciada e menor do que aqueles ingressantes na percepção do capital.

Predomina o contexto do capital na formação do patrimônio, embora se possa, na modernidade, assinalar que os serviços, consoante o grau de dificuldade e complexidade, trazem retorno no mesmo lastro, bastante mapear a gama que interdisciplina os meios nas condições de grandes negócios e operações a distância.

Não se concebendo por tal visualizar trato de calibre isonômico entre sócios que ingressam com o capital e os prestadores do serviço, o legislador deu relevo à hipótese mais imediata, porém perdeu oportunidade de acenar em face do peso expressivo de várias atividades que repercutem no predicado da sociedade simples.

Estruturada a sociedade simples no seu enraizamento para o desenvolvimento de pequenas atividades e de forma transitória, até no campo, envolvendo o setor rural, conseguiu o legislador marcar retrocesso ao partilhar situação que não se coaduna com o retrato plural de relevo substancial na vida da empresa.

"Art. 1.008. É nula a estipulação contratual que exclua qualquer sócio de participar dos lucros e das perdas."

Com base na redação do inciso VII, do art. 997, da Lei nº 10.406, de 10 de janeiro de 2002, pôde o legislador se reportar à nulidade pura e simples de cláusulas a revelar desarmonia quanto à privação dos sócios ante os lucros e perdas.

Normal, por assim dizer, que a participação nos lucros giza a parcela das quotas que simboliza a condição de sócio. De modo parelho, a ressonância da perda engloba direta e definitivamente sócios que se ligam à administração na dicção dos demais e no prazo do biênio legal que cuidou a norma de disciplinar para segurança das relações empresariais.

O risco é inerente à atividade negocial e ao perfil da sociedade, daí é provida de eficácia, e reputada nula toda e qualquer cláusula que divirja de lucros e perdas.

No encalço de atingir seu objetivo, preconizou o legislador a proibição de sociedade leonina, cujos negócios se fariam contrariamente às regras de conveniência, atacando a lesão derivada de trato, cunhando o prisma de visão infirmado na declinação normativa.

Contemplada a nulidade quer dizer não produção dos seus efeitos jurídicos, sumariando um tipo que refoge do cenário justamente por desenhar algo estranho à meta que partilha lucros e perdas de conformidade com a participação, exceto na divisão identificada dos sócios prestadores de serviços, pelo valor médio das quotas.

A ninguém é dado integrar disposição de vontade marginal ao interesse social que perfilhe na sua plasticidade situação irreal que virá de encontro com o tipo legal e, mais do que tudo isso, suscitará nulidade de pleno direito, podendo ser alegada a qualquer instante sem banhar lapso prescricional algum.

Reputa-se cláusula não escrita àquela que preveja excluir o sócio da participação dos lucros ou dos prejuízos, porquanto se trata do próprio risco do negócio, independentemente de sua conotação não empresarial, voltada para o lucro.

"**Art. 1.009. A distribuição de lucros ilícitos ou fictícios acarreta responsabilidade solidária dos administradores que a realizarem e dos sócios que os receberem, conhecendo ou devendo conhecer-lhes a ilegitimidade.**"

Remanesce expressamente vedada a distribuição de lucros ilícitos que descombinam com a natureza lícita do negócio societário. Reflexo disso é a sanção dirigida ao administrador e aos sócios que tiverem ciência do fato, ainda denominados fictícios, uma vez que atrelam com a empresa e ferem seu predicado de idoneidade.

Balizou a norma forma ilícita de atribuir lucros fictícios, para caracterizar a responsabilidade solidária dos administradores e daqueles sócios conluiados com referida conduta.

Há uma previsão própria da presunção, uma vez que se atribui o dever de conhecer a ilegitimidade do ato, ressoando responsabilidade de natureza solidária.

Basta que ocorra referida distribuição, de maneira ilícita, tipificando a responsabilidade solidária, envolvendo administradores e sócios, em detrimento da própria sociedade.

Cada vez mais cresce a preocupação com o trato probatório do capital, eventual lavagem de dinheiro e uso de recursos sem origem no âmbito das sociedades, porque na meta de escapar do Fisco e se amoldar às suas regras, exercem perigoso caminho de autoproteção, culminando com a penalidade sincronizada.

Bem se nota que a responsabilidade se apresenta solidária na ótica de administradores que operacionalizarem lucros fictícios ou ilícitos, na medida em que respondem os sócios igualmente sabendo ou tendo noção da origem não lícita do recurso.

O cruzamento de informações permitirá saber qual o dado de fidelidade entre o patrimônio e capital das pessoas jurídica e física. Consequência disso é a inocuidade pela invalidade do ato, merecendo repulsa e imediata censura por conflitar com o objeto social e camuflar finalidade contraditória com a constituição da empresa.

IV – Da Administração da Sociedade e suas Características

Lei nº 10.406/2002

"Art. 1.010. Quando, por lei ou pelo contrato social, competir aos sócios decidir sobre os negócios da sociedade, as deliberações serão tomadas por maioria de votos, contados segundo o valor das quotas de cada um.

§ 1º Para formação da maioria absoluta são necessários votos correspondentes a mais de metade do capital.

§ 2º Prevalece a decisão sufragada por maior número de sócios no caso de empate, e, se este persistir, decidirá o juiz.

§ 3º Responde por perdas e danos o sócio que, tendo em alguma operação interesse contrário ao da sociedade, participar da deliberação que a aprove graças a seu voto."

O gerenciamento organizacional da sociedade simples sedimenta a forma de sua administração, compartilhando interesses, dividindo responsabilidades, permitindo arejamento da manifestação dos votos diante do quórum da assembleia, na delimitação precípua do seu conteúdo circunscrito ao objeto social.

Harmonizado o estabelecido no diploma normativo, em compasso com as circunstâncias do contrato e a disposição da maioria, cogita-se o encaminhamento que se faz por meio das deliberações no seio societário, com transparência, capacidade e sem conflito de interesse.

Resvalando na pretensão que se delineia no horizonte dos negócios, a administração envolve a reunião de vontades, sem a situação de contingenciar mecanismo instrumental que rompa com a rotina dinâmica, embasada na comunhão de pensamentos em prol da livre iniciativa, com o escopo de conciliar esforço na meta escolhida.

Deflui da essência do dispositivo comentado, no aspecto deliberativo, que, se houver previsão contratual ou legal, incumbe aos sócios determinar por maioria de votos, cuja proporcionalidade espelha a razão de ser do valor das quotas de cada um no seio societário.

De se observar que a proporcionalidade na participação não representa igualdade em termos de quotização, sedimentando, com isso, a valoração que repercute no contexto dentro da sociedade, a fim de exprimir maior importância no conjunto.

Substancialmente, a deliberação por maioria se apresenta capaz de alcançar seu objeto, reduzir o conflito e flexibilizar o negócio, no espírito dinâmico que comanda a empresa.

De fato, a quota tem um valor de face e o porcentual de sua incidência na demonstração de uma correlação de forças, sob o ângulo contratual e disposição de vontade, haja vista a perspectiva de ser a contribuição em espécie, ou traduzida em bens imóveis, ainda qualquer coisa que seja capaz de avaliação.

Tomada a decisão na deliberação da assembleia, pois, na conformidade da maioria dos votos, e na didática do valor da quota de cada sócio, tem-se que o quórum agregará mais de metade do capital na dicção ditada pelo legislador.

Com efeito, para que se possa cogitar da maioria absoluta, é fundamental a presença de votos que simbolizam mais de metade do capital e, nesse aspecto, não distinguiu o legislador entre o prometido e o realizado, na técnica de sua integralização.

Nas sociedades de pequeno valor do capital, o princípio será alcançado com maior facilidade, entretanto, naquelas onde a pulverização é expressiva e menor a concentração, para efeito de maioria absoluta, será importante uma radiografia do pensamento dos sócios em torno da vontade coletiva.

Havendo empate técnico na votação deliberativa, o princípio que vigora sintoniza atenção ao número de sócios volantes, ao passo que nada impede que decida o juiz na circunstância declinada. Consequentemente, com a totalização dos votos, será levado em conta o norte da quantidade dos sócios presentes à deliberação e, desse sumo, extrair-se-á a qualidade que pesará sendo o fiel da balança no caso de empate, cabendo distinguir o valor da quota e o mecanismo apegado aos participantes que se inclinaram numa determinada direção.

A nosso ver, a solução do impasse do empate pela atribuição de sujeição do caso concreto ao juiz não descortina segurança e atrela com o ponto de vista dinâmico, causando hiato e mesmo solução de continuidade negocial, haja vista a expectativa que se cria em função da celeridade e economia processual divorciadas que sofreu empate.

Derradeiramente, o § 3º disciplina o entrechoque de interesse, responsabilizando o sócio que, impedindo de votar, delibera contra a sociedade, aprovando a matéria em razão de sua manifestação.

Admita-se, nesse passo e *ad argumentandum tantum*, deliberação para excluir do objeto social uma atividade em razão de empresa concorrente da qual participa o sócio majoritariamente, encaminhando seu voto favorável à matéria, privilegiando seu próprio negócio.

Bem se denota que cuidou o legislador de assinalar perdas e danos a serem regularmente apurados, para efeito de responsabilizar o sócio que tenha interesse conflitante de outro negócio de que faz parte.

Na hipótese concreta, impedido estaria o sócio de participar da votação, cabendo declinar o motivo e consignar a razão de abster-se, mas se o respectivo voto fora decisivo e ponto fundamental à aprovação da deliberação, consequentemente responderá perante a sociedade da esteira de perdas e danos.

A circunstância assimila, ainda, a perspectiva de ser desconsiderada a deliberação no campo jurisdicional, até por meio de antecipação de tutela e declaração final da inocuidade estampada naquele voto desprovido de apoio jurídico e conflitante com interesse da empresa.

"Art. 1.011. O administrador da sociedade deverá ter, no exercício de suas funções, o cuidado e a diligência que todo homem ativo e probo costuma empregar na administração de seus próprios negócios.

§ 1º Não podem ser administradores, além das pessoas impedidas por lei especial, os condenados a pena que vede, ainda que temporariamente, o acesso a cargos públicos; ou por crime falimentar, de prevaricação, peita ou suborno, concussão, peculato; ou contra a economia popular, contra o sistema financeiro nacional, contra as normas de defesa da concorrência, contra as relações de consumo, a fé pública ou a propriedade, enquanto perdurarem os efeitos da condenação.

§ 2º Aplicam-se à atividade dos administradores, no que couber, as disposições concernentes ao mandato."

Curial notar que incube ao administrador agir na qualidade de *bonus pater familiae* nas características de homem ativo e probo, comparativamente utilizando os instrumentos na empresa assemelhados ao desempenho na vida particular, como referência de conhecimento e aplicações dos deveres inerentes ao cargo ocupado.

Relembra o saudoso Fran Martins[1] que, muito embora pudessem existir obrigações civis e de natureza comercial, a identidade que marca o sentido da administração é único, sendo plúrimos os lugares que deram nascimento ao tipo obrigacional. A ponto de preferir orientar o legislador uma forma que fizesse cessar a discussão em torno da autonomia do direito comercial.

A conduta do administrador necessita parâmetros a suavizar com a prudência, honestidade e conhecimento, que são dados imprescindíveis ao alcance do homem médio, no propósito de bem diligenciar e acompanhar todos os atos inerentes ao exercício da administração da empresa.

Lecionava Rubens Requião[2] que o sócio-gerente ou administrador da sociedade seria figura central da empresa, na posição de chefe, no ápice da pirâmide hierárquica, no conjunto modelado de direitos e obrigações, delimitando funções e atividades para o prestígio do objeto social do negócio.

Concernente à administração, emprega o legislador uma semelhança com o homem ativo e probo nos próprios negócios, extraindo-se, além da capacidade, um tirocínio que permita atingir com tranquilidade a diretriz societária.

Principalmente, coordena a norma quem pode ser administrador e, outrossim, aqueles impedidos por lei especial, ou que por causa da malversação de recursos ou motivos fundados em provas apuradas não sintonizem compromisso seguro para o encargo. Utiliza a regra da tipicidade do enquadramento delituoso e dos efeitos da condenação enquanto perdurarem, no propósito de obstar qualquer possibilidade, mínima que fosse, da incumbência a título de administrador.

---

[1] MARTINS, Fran. *Contratos e obrigações comerciais*. 14. ed. Rio de Janeiro: Forense, 1999.

[2] REQUIÃO, Rubens. *Curso de direito comercial*. 23. ed. atualizada por Rubens Edmundo Requião. São Paulo: Saraiva, 1998. v. 1.

Veda-se como fator impediente que a pessoa comprovadamente condenada e submetida ao devido processo legal venha a exercer administração da sociedade, porque, no passado, demonstrou incoerência com recursos, praticando lesão e prejudicando terceiros.

Evidenciada a condenação e sua não reabilitação, estará o faltoso impedido de exercer o cargo de administrador, respondendo pelo cometimento do ilícito, inclusive retirando a qualidade de probidade para assumir administração do negócio.

Cercando-se de observações detalhadas, o legislador desceu a definição dos ilícitos que impedem o exercício da administração, situando correlata posição com o desempenho do mandato, cuja outorga é expressa na direção da empresa, na categoria de responsabilidade, e ainda prestação de contas deixando transparente a forma de agir no seio da empresa.

"**Art. 1.012. O administrador, nomeado por instrumento em separado, deve averba-lo à margem da inscrição da sociedade, e, pelos atos que praticar, antes de requerer a averbação, responde pessoal e solidariamente com a sociedade.**"

Define a norma que a indicação do administrador não precisa ser necessariamente coeva com a constituição da sociedade e traduzir ato isolado no seu contexto, mas, para gerar eficácia, dependerá de sua imediata averbação no registro das pessoas jurídicas, onde estiver produzindo validade a estrutura do negócio societário.

Considerando o instrumento em separado, para efeito de suscitar alguma manifestação de vontade que esteja dissociada da sinalização do ambiente deliberativo ou de formação da sociedade, é obrigatória a averbação à margem da inscrição da sociedade, com o escopo de fazer surgirem os respaldos que indicam a limitação da responsabilidade dentro da esfera de poder e mediante o capital social integralizado.

Contudo, se o administrador, por qualquer motivo, não levar a registro o ato de sua nomeação feita por escrito em separado, praticando atos de gestão da sociedade, disso sobrevirá responsabilidade congruente com a solidariedade e de forma ilimitada.

Efetivamente, não se aplica a presunção ou aparência sem a consequente averbação do ato que simboliza atenção direta na visão da sociedade e respaldo priorizando terceiros, dessa falha revelada responde o administrador de modo solidário e ilimitado.

De se evidenciar, na linha de pensamento, por força do raciocínio estratificado, que a responsabilidade é pessoal e solidária, alcançando bens do patrimônio individual, se aqueles da sociedade não forem suficientes ao adimplemento dos prejuízos causados.

Não basta o simples ingresso do pedido, mas é fundamental que a averbação seja feita estreme de dúvida, sem vício ou defeito algum, manifestando conduta legitimada do administrador, que, de seu turno, não sofrerá os percalços da omissão.

Interessante consignar no estudo encetado que a responsabilidade cravada em relação ao sócio que não averba o escrito de sua nomeação como administrador identifica pessoal responsabilidade solidária em relação à sociedade que pode assumir a obrigação empenhada e regressivamente dele exigir o ressarcimento.

Imprescindível a averbação da nomeação do administrador sob pena de gerar consequência incidente na sua responsabilidade pessoal e solidária até suprir a lacuna havida.

"Art. 1.013. A administração da sociedade, nada dispondo o contrato social, compete separadamente a cada um dos sócios.

§ 1º Se a administração competir separadamente a vários administradores, cada um pode impugnar a operação pretendida por outro, cabendo a decisão aos sócios, por maioria de votos.

§ 2º Responde por perdas e danos perante a sociedade o administrador que realizar operações, sabendo ou devendo saber que estava agindo em desacordo com a maioria."

Estatui o permissivo legal a administração plúrima, na hipótese de não definir o contrato social o encargo gerencial da sociedade simples, de toda sorte competiria aos sócios, de forma ampla, o exercício conjunto do gerenciamento da atividade negocial.

Normalmente, a administração cabe a um ou vários sócios de conotação disjuntiva, porque a expressão *competir a todos* gera incerteza, dificuldade na comunhão de interesses e, mormente, complexidade no encaminhamento e votação das matérias em assembleia.

A administração plural disjuntiva implica reconhecimento de cada administrador ao exercício de sua função e consequentemente impugna a operação pretendida pelo outro, ficando a solução ao alcance da maioria dos administradores, na esteira do direito italiano.

Fundamental apontar no espaço da administração a possibilidade de ser exercida em conjunto, silente o contrato, onde um pode impugnar a operação d'outro, restando a decisão em mãos da maioria dos sócios, que preconiza o interesse maior na delimitação dos rumos da empresa.

Aparente conflito interno de capacidade gerencial, traduzindo fratura no regime de administrar, pela contextualização de impugnações sucessivas, levando à sociedade, por meio dos sócios, a uma posição definitiva sobre o impasse.

Adverte Francesco Ferrara[3] que, na visão do direito italiano, em termos de sociedade simples, a situação pontua o seguinte:

> "Se il contratto nulla dispone, l'amministrazione della società spetta a ciascuno dei soci disgiuntamente dagli altri, il quale può dunque compiere di sua iniziativa tutte le operazioni che rientrano nell'oggetto sociale."

O poder de veto é limitado e não absoluto, no que respeita à impugnação da operação pretendida por outro sócio-administrador, computando-se os votos acenando com a deliberação pela maioria na diretriz tomada em assembleia. Bem de ver que não se poderá criar macroconflitos entre sócios e sociedade, com a impugnação sucessiva, mas fundada em motivo aparente com razão de direito, na tessitura de proclamar necessidade de sua revisão.

A decisão colegiada em torno da impugnação da operação é tomada por maioria de votos, cujo quórum é sempre dedicado à presença, e na proporcionalidade das quotas havidas na empresa.

Contrariando a maioria, o administrador que deliberar operação nesse sentido responde por perdas e danos diante da sociedade, porque, de antemão, tinha ciência do conteúdo do negócio e assume o risco contra o escopo societário.

Pune-se, por tal ângulo, o administrador que prefira enfrentar a maioria em operação divorciada do seu contexto, refratária à sua posição, e distante de sua natureza, razão pela qual o administrador responderá por perdas e danos junto à sociedade.

---

[3] FERRARA JR., Francesco. *Gli imprenditori e le società*. Milano: Giuffrè, 1978.

Hospeda-se no conceito dupla assertiva, agir no formato da consecução da operação, sabendo ou presumindo a opinião da maioria; incidente em desconformidade com o fito de se caracterizar a responsabilidade, traduzida em perdas e danos.

Destarte, fixa o predicado normativo o exercício plural disjuntivo da administração que compete a todos, fala sobre a impugnação e decisão pela maioria dos sócios e finaliza por censurar e punir o administrador que realizar operação discrepante do interesse da maioria, ainda que presuma a circunstância.

Trata-se de expressão que sinaliza o nexo casual e campo de objetividade na responsabilidade, na medida em que basta conhecer ou ter o dever para tanto, no aspecto de configurar resposta na perspectiva de perdas e danos.

Bem pontual ponderar que o poder de impugnar, na sábia lição de Giuseppe Ferri,[4] paralisa aquele do administrador e se mostra oponível aos terceiros nos limites entre os quais é objetada a modificação dos poderes de representação.

Linear a posição dos sócios, de cuja administração todos exercem sem quaisquer privilégios ou diferenças, estando investida a coletividade, fundamental é a presença para conter o impasse e se evitar o absenteísmo nas deliberações tomadas pela assembleia, na visão de, pela maioria dos sócios, se alcançar denominador comum.

"Art. 1.014. Nos atos de competência conjunta de vários administradores, torna-se necessário o concurso de todos, salvo nos casos urgentes, em que a omissão ou retardo das providências possa ocasionar dano irreparável ou grave."

As deliberações conjuntas pautadas pelos administradores seguem o ritmo de comungarem da pluralidade de manifestações na admissibilidade do consenso ou posição majoritária, na definição de validar o ato ou emprestar eficácia singular na sua forma.

Bem na direção estabelecida, cuidou o legislador de sublinhar a imprescindibilidade do concurso entre administradores que exercem de forma coletiva os poderes gerenciais, exceto nas hipóteses urgentes,

---

[4] FERRI, Giuseppe. *Le società*. Turim: Unione Tipografico – Editrice Torinese, 1971.

emblematicamente perfilhadas por fortuito ou força maior, na tentativa de se evitar dano irreparável ou de natureza grave.

Acentuou-se o assimilar o prestígio da vontade coletiva a cargo dos administradores, como regra geral e norma comum a ser obedecida; no entanto, existem circunstâncias que, por si só, autorizam a tomada de posição sem o quórum específico, categorizando caso extremo, de gravidade irremediável, dada a forma do dano irreparável.

Sintoniza o legislador que, na dimensão de casos urgentes, erradicando-se o formalismo da decisão coletiva, poder-se-á cogitar em torno da exceção a regra, na forma deliberativa de se poder alcançar a finalidade pretendida na manifestação de vontade.

Os chamados casos urgentes que se constatam excepcionalmente e que refogem à regra geral determinam o consentimento até para a sobrevida do negócio, com a justificativa do dano irreparável ou grave, nada que poderia aguardar presença de quórum ou retardar o pronunciamento, cuja eficácia é estreme de dúvida.

Admita-se na hipótese um contrato feito pelo administrador para proteger a empresa da invasão de vírus que derrubaria todos os arquivos no computador, sem anuência dos demais, óbvio que se aguardasse a omissão poderia desencadear a perda total e danos ao sistema, de grave natureza, incompatível de cálculo sobre a ótica do ressarcimento material pura e simplesmente.

Na dinâmica que operacionaliza o negócio, ao menor descuido poderá repercutir consequência inesperada e de reflexo plural no prosseguimento da atividade, cuja deliberação não conjunta visa especificadamente preservar a empresa de malsinados efeitos.

"**Art. 1.015. No silêncio do contrato, os administradores podem praticar todos os atos pertinentes à gestão da sociedade; não constituindo objeto social, a oneração ou a venda de bens imóveis depende do que a maioria dos sócios decidir.**

Parágrafo único. O excesso por parte dos administradores somente pode ser oposto a terceiros se ocorrer pelo menos uma das seguintes hipóteses:

I – se a limitação de poderes estiver inscrita ou averbada no registro próprio da sociedade;

II – provando-se que era conhecida do terceiro;

III – tratando-se de operação evidentemente estranha aos negócios da sociedade."

Pacifica-se o entendimento no sentido de que, sem a previsão expressa do contrato, compete aos administradores a prática de todos os atos que se coadunam com a gestão da sociedade. No entanto, na venda ou oneração de bens apenas se admite acaso conste do objeto social, caso contrário será imprescindível deliberação pela maioria dos sócios.

De fato, na omissão e silente o contrato, a gerência é feita disjuntivamente com todos os poderes da administração, porém não se pode alienar ou onerar bens, exceto se a sociedade tiver especificação no objeto social e dedicar-se ao rumo de atividade arquitetado na visão da realidade.

Fundamental destacar que se a venda ou oneração, portanto, ambas, forem estranhas ao objeto social, tudo leva à necessidade da deliberação pela maioria dos sócios, autorizando ou vedando a respectiva operação, emprestando carga de validade à sua consecução.

A responsabilização diante de terceiro sofre uma restrição, visualizada na dimensão de previsão encerrada no contrato, nas circunstâncias especificadas, quantificando a matéria e qualificando o conhecimento como ponto de partida à exclusão de consequência patrimonial.

Bem direta e definidamente, quando houver limitação expressa averbada, do conhecimento de terceiro ou refugir do objeto social, nas três circunstâncias, incorrerá responsabilização.

Corolário disso, e para que se possam cogitar excesso, abuso ou desvio de poder do administrador, é da essência do ato, pois, que não venha com restrição averbada, terceiro o desconheça, ou que se harmonize com o objeto social da empresa, tudo indicando compatibilidade a tornar patentes o nexo e o resultado do prejuízo indenizável.

Natural ponderar que a responsabilidade dos administradores se apresenta, em termos de gestão, solidária para com a sociedade e terceiros, exceto quando houver prova de ausência de culpa. Demais, a regra insculpe a indelegabilidade da função de gestão, como tivemos oportunidade de analisar em trecho normativo pretérito.

Efetivamente, se houver restrição com averbação e tiver o terceiro conhecimento claro e transparente da realidade, por si só não se caracterizará o excesso de poder, de igual se o ato praticado for desconforme o objeto social, entrando na seara da *ultra vires societatis*, a ponto de conduzir responsabilidade do sócio para com a sociedade.

"**Art. 1.016. Os administradores respondem solidariamente perante a sociedade e os terceiros prejudicados, por culpa no desempenho de suas funções.**"

Preconiza-se o elemento culpa para ensejar responsabilidade do administrador ante a sociedade e para com terceiros, de tal modo a determinar o realce desse comportamento e sua consequência no campo patrimonial da solidariedade entre eles no conjunto do gerenciamento negocial.

Consolida-se o ponto de vista na direção da culpa a ser prova, sem sombra de dúvida, como fonte segura e elemento que tenha o condão de subsidiar a responsabilidade dos administradores de forma solidária na dicção da empresa e de terceiros.

Ao violar a lei ou o contrato, agindo com abuso, excesso ou desvio de poder, assume o administrador que é gestor da empresa, sob a forma de culpa, a responsabilidade de indenizar terceiros e a própria sociedade, porque na atividade não se conduziu como o *bonus pater familiae* e, destarte, incide predicado para efeito de compor os prejuízos.

O balizamento da atividade de gestão envolve o administrador, isoladamente, e todos que foram responsáveis e agiram culposamente, de maneira solidária, em direção à sociedade e de terceiros que experimentaram algum tipo de dano.

O reconhecimento do fator culpa é pressuposto de sua caracterização e demonstração ditada pela forma incorreta de ação do administrador, no exercício de suas funções, respondendo pelo prejuízo.

"**Art. 1.017. O administrador que, sem consentimento escrito dos sócios, aplicar créditos ou bens sociais em proveito próprio ou de terceiros, terá de restituí-los à sociedade, ou pagar o equivalente, com todos os lucros resultantes, e, se houver prejuízo, por ele também responderá.**

Parágrafo único. Fica sujeito às sanções o administrador que, tendo em qualquer operação interesse contrário ao da sociedade, tome parte na correspondente deliberação."

Frontalmente, o legislador veda que, sem expresso consentimento dos sócios, possa o administrador se comportar em proveito próprio ou de terceiros, fazendo notar sua responsabilidade de ressarcir o prejuízo e ainda os lucros resultantes que serão apurados.

Na lição do mestre Arnold Wald,[5] sem sombra de dúvida, na visão do causador do dano, a responsabilidade será subjetiva, embasada na culpa, e objetiva quando independe de falha ou desejo de provocar o dano, mediante simples nexo casual.

Anota com propriedade o renomado jurista a distinção entre a responsabilidade contratual decorrente do inadimplemento da obrigação livremente disposta no pactuado e aquela extracontratual, delitual ou aquiliana, que descortina violação legal, cujas obrigações foram descumpridas.

Há, em relação ao administrador, uma obrigação de resultado que não se confunde com a obrigação de meio, porquanto tem a finalidade de atingir, por meio da gestão, a finalidade da delegação que a sociedade realizou, de tal sorte a exercer o papel confiado.

Entretanto, se realmente pratica atos distantes do contrato e sem anuência expressa dos sócios, favorecendo a si próprio ou a terceiros, deve repor a situação ao *status quo ante,* ou por meio do correspondente, sem se olvidar do prejuízo que o lucro resultante derivaria.

Ambas as hipóteses podem ser harmonizadas nas respectivas interpretações, aquela na qual o administrador toma conduta em proveito próprio ou de terceiro, e na outra que há conflito na operação entre sua manifestação e o interesse da sociedade, implicando abstenção quanto à matéria.

Efetivamente, na linha de raciocínio abordada na previsão normativa, não pode o administrador agir de forma a violar a vontade dos sócios, em proveito e de terceiros, em detrimento da sociedade, tampouco participar de deliberação na qual seja manifesto o conflito de interesse entre ele e a empresa.

Disso resulta a possibilidade inequívoca de indenizar a empresa, recompondo a situação antiga, que poderá ser acompanhada dos lucros que sobrevieram em função do ato tomado detrimentoso à sociedade, consistente a apuração e solidariedade pessoal na atribuição de culpa configurada.

---

[5] WALD, Arnold. *Obrigações e contratos.* 12. ed. ampliada e atualizada com a colaboração de Semy Glanz. São Paulo: Revista dos Tribunais, 1995.

Tipicamente por ação responde o administrador que tem formada sua culpa em ato praticado sem consentimento escrito dos sócios, ou que delibere conflitante com a empresa, sem se abster, pontuando hipóteses claras e transparentes do exercício irregular do mandato.

"**Art. 1.018. Ao administrador é vedado fazer-se substituir no exercício de suas funções, sendo-lhe facultado, nos limites de seus poderes, constituir mandatários da sociedade, especificados no instrumento os atos e operações que poderão praticar.**"

Vigora como ponto de equilíbrio e premissa geral o intuito pessoal da administração e seu caráter indelegável. Isso reforça a presença do gestor da coisa e mostra sua importância e relevo no contexto da organização. Contudo, é plausível constituir mandatários se houver a previsão expressa para o ato.

Repousa no predicado a presença constante e direta do administrador nos atos que permeiam a sociedade e fazem dela o retrato direto das manifestações endereçadas ao gerenciamento, cuja contratação de terceiros será no limite da previsão e decorrente da incumbência que não destoe da coordenação do negócio.

Vital frisar que a constituição de mandatário pelo mandante administrador necessita clarear todos os atos que foram conferidos, de modo amplo, sem ambages, de traço transparente e induvidoso.

Comporta-se o administrador como *longa manus* da vontade societária, porém pode delegar por meio do mandato e prestigiar o cumprimento do negócio, sob sua fiscalização e direta responsabilidade.

A presença de mandatário é por prazo determinado, ato certo e especificado, nos limites da administração, e mediante instrumento que sinalize compatibilidade entre a outorga e a definição que escolheu o administrador no seio da sociedade.

Não permitiu o legislador, em razão do caráter personalíssimo societário, fosse substituído o administrador no exercício de suas funções, impedindo, assim, a delegação da gerência ou a nomeação de qualquer outro profissional para finalidade de gestão.

Colaborou com isso, notadamente, para reforçar a conotação de confiança e credibilidade em relação ao administrador, cercando-o dos requisitos obrigacionais do próprio cargo.

A impossibilidade de substituição do administrador, por si só, não encerra conflito para atribuição de poderes harmônicos com aqueles recebidos da sociedade, e para determinadas operações, mas, sim, partindo da regra primária da constituição societária.

"**Art. 1.019. São irrevogáveis os poderes do sócio investido na administração por cláusula expressa do contrato social, salvo justa causa, reconhecida judicialmente, a pedido de qualquer dos sócios.**
Parágrafo único. São revogáveis, a qualquer tempo, os poderes conferidos a sócio por ato separado, ou a quem não seja sócio."

Concentrado o administrador no esforço fundamental ao escopo da sociedade e na perspectiva de levar adiante seu objeto social, a exclusão do administrador significa ao excepcional que demonstra, por si só, conotação de gravidade e pelo seu conteúdo encerra a possibilidade prevista a fim de que produza efeitos jurídicos.

Na esteira da doutrina de Cristiano Graeff Jr.,[6] a destituição do administrador com ou sem motivo traduz ato de suma gravidade, podendo respingar na sua sociedade, a ponto de influir no seu próprio desenvolvimento.

Evidente que tudo depende da capacidade, com senso e o conhecimento que se forma em torno da administração para que não haja o fator surpresa ou minimante descompasso entre a atividade e o propósito que se persegue. Anotava Phoudhon, em citação de Jean Pierre Berdah,[7] a seguinte observação:

"Hei, colocais um homem na posição de empregar sem controles capitais assaz consideráveis, para dirigir o mercado ao alto ou à baixa, vós lhe proporcionais a facilidade de jogar contra as acionistas, contra a sociedade que ele representa. E contra o abuso de uma tal situação, não tendes senão um freio: a consciência do mandatário! Completamente tolos! Vós vos tratareis vós mesmos de imbecil se ele se arreda de seus escrúpulos."

---

[6] GRAEFF JR., Cristiano. *Compêndio elementar das sociedades comerciais*. Porto Alegre: Livraria do Advogado, 1997.

[7] BERDAH, Jean Pierre. *Fonctions et responsabilité des dirigeants de societés par actions*. Sirey, 1974.

Contempla a norma a impossibilidade de revogação dos poderes se houver previsão expressa contratual, exceto se advier justa causa a ser comprovada judicialmente, a pedido de qualquer sócio, a nosso ver, um tremendo retrocesso, na medida em que transfere uma questão interna societária para o âmbito da Justiça, sem falar no tempo e na eventual paralisação do negócio, se terceiros souberem e pararem de negociar com aquela sociedade.

Destaca-se, a pedido de qualquer sócio, o perfil de justa causa, em juízo reconhecida, para eliminar o administrador que tinha procuração conferida no contrato societário para a gestão.

Revogado o poder do administrador, com a manifestação chancelada pela Justiça, tal representa sua perda do cargo e uma nova organização da empresa, para ganhar corpo e materializar averbação no registro.

Na hipótese de poderes conferidos separadamente ou a terceiro não sócio, a revogação não necessita passar pelo crivo judicial, tendo flexibilidade e relativização na tipologia, haja vista que todos os poderes poderão ser alvo da revogabilidade.

Destarte, não sendo sócio ou eleito por escrito separado, não existe uma identidade casual que formule um nexo para preservar a imagem e figura do administrador, dadas a profissionalidade e a delegação, cabendo rever o ato, isolada ou na totalidade, a qualquer tempo.

"Art. 1.020. **Os administradores são obrigados a prestar aos sócios contas justificadas de sua administração, apresentar-lhes o inventário anualmente, bem como o balanço patrimonial e o de resultado econômico.**"

A plasticidade sinaliza a obrigação que é típica do administrador em relação aos sócios, visando transparência e pulso específico, com precisão, de toda a situação que envolva a gestão, no sentido da prestação de contas justificadamente, além disso, será apresentado o inventário, acompanhado do balanço e resultado econômico.

Naturalmente, a regra é salutar e atende ao princípio que destaca o padrão em vigor na sociedade, cujo parâmetro explica o desempenho da função do administrador em contato com os sócios, no encaminhamento das contas a serem prestadas, no tocante à administração, considerando os fatores positivos e aqueles de ordem negativa.

Pode-se afirmar que o inventário consiste no levantamento geral da empresa continuando a desafiar o andamento da atividade e todo o espaço que ocupa, ao lado do balanço que tem feição contábil e mostra ao mercado e aos sócios em geral a radiografia do negócio.

O resultado econômico expressa a circunstância da sociedade diante da realidade do mercado e posição da participação, influenciando em termos de continuação, remodelação do objeto ou cessação da atividade, haja vista a verificação de problemas ou conserto de rumo no atingir a consecução estatutária.

Efetivamente, a responsabilidade do administrador se afigura, antes de tudo, para com a empresa, em relação aos sócios que lhe confiaram outorga, donde deve evidenciar transparência, levantar inventário, cuidar do balanço e demonstrar o resultado econômico, tudo poderá ser assessorado, mediante auxiliares que contribuem na colaboração desse diagnóstico de interesse singular para o negócio como um todo.

"**Art. 1.021. Salvo estipulação que determine época própria, o sócio pode, a qualquer tempo, examinar os livros e documentos, e o estado da caixa e da carteira da sociedade.**"

Na categoria dos direitos fundamentais e inalienáveis dos sócios, encontramos aqueles que se classificam potestativos, e outros na delimitação de *facultas agendi,* na propositura de averiguação concernente ao negócio e os predicados de sua estrutura no âmbito do resultado positivo.

Compete aos sócios o exame de livros, documentos, estado de caixa e carteira da sociedade, com o típico traço de direito fundamental agregado ao *statu socii,* porque não investido no poder de gestão societário.

Administra a regra que a fiscalização é exercida permanente e diretamente pelos sócios, quando não contiver o estatuto previsão de prazo visando exame, tal se dará a qualquer tempo, no propósito de conferência de livros e documentos, a situação do caixa e andamento da carteira da sociedade.

Bem relevante examinar que na maioria das vezes e dos casos tratados, não dispõe do próprio sócio de conhecimento técnico mínimo e suficiente ao encaminhamento para efeito de compreensão do estudo até na condição profissional, razão que justifica a presença de sua confiança radiografando o contexto, de antemão levado à ciência da sociedade, para posteriormente esboçar um relatório que interessa de perto ao sócio e ainda à empresa.

Advertia o saudoso Professor Nelson Abrão[8] que o acesso aos livros e à escrituração contábil é medida de extremo bom-senso, para efeito de se evitarem conflitos internos; mais do que isso, se faz frequente a discussão, entre sócios quando privados dos informes imprescindíveis à conferência do funcionamento da atividade negocial.

Decorre da própria dicção da Súmula 260 do STJ o seguinte lineamento:

> "O Exame de livros comerciais em ação judicial fica limitado às transações entre os inteligentes."

De fato, tomando conhecimento acerca da realidade do negócio subjacente, feita a consulta e examinados livros e balanços, atestará o sócio eventual irregularidade, a ponto de requerer seu conserto, tentará dar maior efetividade ao negócio, ou até disso resultará subsídio imprescindível à revogação dos poderes do administrador, calcado na exposição de motivos definida no acesso amplo aos dados revelados.

Essa transparência, com plenitude, em si, ambas representam ponto avançado no modelo e suavizam conflitos, amparando a atividade ao encalço do seu objeto social, e na projeção da preservação da empresa diante de fatos e circunstâncias conhecidos por todos interessados.

Ao se permitir ao sócio, independentemente de outra qualidade, o exame dos livros e documentos, a situação do caixa e da carteira da sociedade, inclinou-se o legislador pelo monitoramento e acompanhamento gradativo da atividade societária.

Sabemos que o sócio não versado na área contábil, administrativa ou técnica poderá ter dificuldades, mas nada impede que seja assessorado de profissional para o conhecimento da realidade do negócio.

Consequentemente, mostra-se aberta à sociedade a consulta de livros e documentos em geral, no propósito, portanto, de constatar, por tudo isso, não apenas o seu estado funcional, mas essencialmente de solvabilidade.

---

[8] ABRÃO, Nelson. *Sociedade simples*: novo tipo societário. São Paulo: Livraria e Editora Universitária de Direito, 1975.

V – Das Relações com Terceiros

Lei nº 10.406/2002

"Art. 1.022. A sociedade adquire direitos, assume obrigações e procede judicialmente, por meio de administradores com poderes especiais, ou, não os havendo, por intermédio de qualquer administrador."

Visualizada a sociedade simples na técnica de sua formação sem característica empresarial, diversa daquela que presta serviços ou se dedica ao comércio de mercadorias, o relacionamento com terceiros é definido por intermédio estatutário ou delegação a não sócio, no aspecto de assegurar representação negocial e de fomento judicial, com previsão específica e destinada a evitar abuso, excesso ou desvio de poder.

Salutar desenhar a regra do *statu socii*: por sua noção, há um conjunto de direitos e obrigações que radiografa a situação do sócio no exercício de sua atividade, de tal modo que é natural o empenho destinado à consecução do objeto social, independentemente das repercussões em termos de responsabilidade concernente ao administrador.

Bastante conhecer o mecanismo que instrumentaliza a vida societária e desperta vivo interesse na formalização de vontades, sob o denominado *affectio societatis,* válvula que converge na deliberação e torna viável o negócio da sociedade.

A representação judicial é feita por força da deliberação encerrada no estatuto, e, à sua míngua, todos os atos serão cercados de cautela por qualquer administrador, cuidando-se de princípio universal marcado para convalidar o prisma do direito material e o de conotação adjetiva na feitura do procedimento.

Concebida a entidade com a sua personalidade a partir do registro, os atos praticados trazem o color de direitos e obrigações divisados em relação à sociedade que tem sua representação dedicada ao administrador definido estatutariamente. Se o contrato não disciplinar quem fará o papel judicialmente, compete a cada administrador, isoladamente, encetar a tarefa.

Normalmente, a representação em juízo é transparente, com sua materialização recaindo em dois administradores que têm poderes gerais conferidos na tramitação da causa, envolvendo o nome e a denominação social da entidade, porém tudo precisa ser precisado a fim de se evitar nulidade insanável.

"**Art. 1.023. Se os bens da sociedade não lhe cobrirem as dívidas, respondem os sócios pelo saldo, na proporção em que participem das perdas sociais, salvo cláusula de responsabilidade solidária.**"

Enfatiza a previsão normativa ser a responsabilidade atrelada ao saldo devedor da oneração que o negócio repercute, e, nesse sentido, quando o patrimônio social for insuficiente para cobertura das dívidas, disso decorrerá a incidência de obrigação do próprio sócio componente da atividade.

Divisa o dispositivo uma proporcionalidade nas perdas sociais compatível com a participação que houver na sociedade, de tal ângulo e por conseguinte, se os bens não bastarem ao pagamento das obrigações contraídas, automaticamente passará o sócio a responder dentro do contexto do prejuízo havido.

O saldo negativo apurado que não foi solvido pela sociedade acompanha a pessoa do sócio que por ele responde, diante da equação de sua participação no dano apurado, exceto se contiver o contrato a previsão de solidariedade entre os sócios.

A solidariedade que não é presumida decorre da lei ou emerge da vontade das partes, como estatuído na regra, porém é bem típico sublinhar que se trata de predicado excepcional que se desvia da norma padrão de limitação da responsabilidade.

Contudo, não tendo a sociedade posição substancial de solvência (*in bonis*), comporta considerar a extensão de responsabilidade proporcionalmente aos sócios na medida em que participam das perdas observadas no período.

A conotação de proporção somente pode ser interpretada no sentido de participação na atividade da sociedade simples, e não em atenção ao negócio que soçobrou, na decisão tomada, ou eventualmente na política correspondente, haja vista a posição do administrador e de simples sócio sem poderes nessa dicção.

"Art. 1.024. Os bens particulares dos sócios não podem ser executados por dívidas da sociedade, senão depois de executados os bens sociais."

Característica primordial na sociedade simples é o princípio da proporcionalidade no caso de *deficit* patrimonial, haja vista que a submissão da excussão atinge num primeiro momento os bens sociais e somente posteriormente alcança os sócios.

De acordo com a doutrina de Amador Paes de Almeida,[1] o novo Código Civil classifica as sociedades em empresária e simples, de modo a preconizar responsabilidade patrimonial nas condições do contrato e das obrigações sociais.

Figurando a sociedade simples como espelho, na formação de outros modelos, tudo dependerá das regras sujeitas à disciplina do próprio negócio, isso porque a limitada também terá em seu horizonte a previsão supletiva que observa o exemplo que serve como parâmetro.

Concretamente e no conserto feito pelo legislador, a responsabilidade do sócio poderá ser cogitada após a contrição incidente em bens da sociedade que se revelarem insuficientes à obrigação exigida.

Destarte, plausível se atinjam bens dos sócios, em continuação da insuficiência patrimonial da sociedade, com o escopo de revestir a natureza do negócio, no tempero da personalidade jurídica e seu conteúdo não empresarial.

---

[1] ALMEIDA, Amador Paes de. *Execução de bens dos sócios*. São Paulo: Saraiva, 1999.

"**Art. 1.025. O sócio, admitido em sociedade já constituída, não se exime das dívidas sociais anteriores à admissão.**"

A forma de retroagir a responsabilidade para ato anterior ao ingresso na sociedade merece ser vista com cautela e contemplada sob a luz dos parâmetros que envolvem a transferência da quota, no sentido de configurar ressonância no ato jurídico.

Comporta afirmar que os débitos podem ser relativos aos negócios, previdenciários, tributários e correlatos, daí por que o ingressante precisa ter respaldo no tempo concreto de sua entrada, a fim de não sofrer consequências negativas naturais do endividamento pretérito.

Comumente se anota a presença de cláusulas e condições respaldando os pactos parassociais, excludentes de responsabilidades, não mais admitindo viabilidade ou validade alguma, na situação pontuada por ocasião da redação, incluindo aspecto específico que evita o conflito interno.

Prestigia o pensamento a forma de saída ou desligamento e ingresso de novo sócio sem condição patrimonial alguma, a fim de minorar a solvência da sociedade, tudo isso para uma redefinição e restrição normativa.

De tudo ponderado, pois, a responsabilidade tanto do ingressante como do retirante não se faz marcada pela data do ato, podendo espalhar efeitos no tempo e no espaço, conforme a feitura dos negócios e o limite do patrimônio social.

Entretanto, a retroação não pode ser indefinida e global, sob pena de elidir o contexto e tornar dificultosa a entrada de sócio nessa quadra da atividade.

"**Art. 1.026. O credor particular de sócio pode, na insuficiência de outros bens do devedor, fazer recair a execução sobre o que a este couber nos lucros da sociedade, ou na parte que lhe tocar em liquidação.**

Parágrafo único. Se a sociedade não estiver dissolvida, pode o credor requerer a liquidação da quota do devedor, cujo valor, apurado na forma do art. 1.031, será depositado em dinheiro, no juízo da execução, até 90 (noventa) dias após aquela liquidação."

Cabe ao credor individual de sócio pleitear satisfação da obrigação por intermédio de constrição dos lucros da sociedade que se mostrem proporcionais à respectiva participação, ou então reivindicar a restrição no que concerne à apuração do valor da liquidação patrimonial na atividade.

De fato, a relação que se estabelece entre credor e o devedor que ocupa posição na qualidade de sócio é estranha à sociedade e, como tal, desalcançada de qualquer eficácia, em que é permitido ao exequente realizar a penhora dos lucros e, à míngua, ritmar a vontade na diretriz do valor de liquidação da participação.

Seguindo a premissa, cumpre ao devedor responder, na condição da relação obrigacional, sem afetar a atividade e a consecução do objeto social, nos moldes previstos na legislação. Dentro desse contexto, não havendo destaque nos aspectos disciplinados, faculta-se ao credor o requerimento de liquidação da quota, cujo depósito do valor será feito dentro de 90 dias depois de operacionalizada a liquidação.

Natural o levantamento a ser desenhado em balanço que definirá o haver e a relação com o crédito exequendo, na circunstância de conferir ao devedor a oportunidade de avaliar sua parte, levantamento efetivado com base nos dados da época, não significado o ingresso de terceiro, estranho no seio da sociedade.

"**Art. 1.027. Os herdeiros do cônjuge do sócio, ou o cônjuge do que se separou judicialmente, não podem exigir desde logo a parte que lhes couber na quota social, mas concorrer à divisão periódica dos lucros, até que se liquide a sociedade.**"

De se observar no dispositivo normativo a vedação de ser liquidada a quota de imediato, cujo alcance em toda a finalidade se limita ao recebimento dos lucros durante o período que medeia a etapa de liquidação, fazendo com que não haja conflito e tomada de posições antagônicas em desrespeito ao elemento de sua formação *affectio societatis*.

Na linha de raciocínio extraída, portanto, não podem os herdeiros ou cônjuge separando, ambos, exigirem a totalidade dos quinhões cabentes, exceto aquilo disciplinado na percepção dos lucros, com a divisão periódica, criando-se expectativa de liquidação da sociedade para efeito de conferir-lhe integralmente o valor da obrigação.

O dispositivo preconiza evitar problemas internos ditados pelas deliberações e, sobretudo, na situação de atribuições patrimoniais, posto que, se fosse possível a retirada plena e de uma só vez do quinhão referente à quota, tudo representaria um esvaziamento e dificuldades econômicas inerentes à atividade.

Corolário dessa disciplina, tudo que diz respeito aos herdeiros dos sócios pode estar previsto estatutariamente na elaboração do contrato, no aspecto de se admitirem o ingresso e o pagamento do quinhão referentemente ao *de cujus*.

Ambas as hipóteses gizadas no texto normativo implicam reconhecimento da preservação da empresa, sem influências de terceiros, na ocasião da sucessão ou emergente à separação do casal, percebendo periodicamente os lucros apurados e aguardando a quota-parte do total à data da liquidação.

Bem se denota que não podem os interessados nos casos divisados exigirem o cumprimento pela sociedade da integralidade da obrigação, haja vista limitação aos lucros e na forma prevista no estatuto, como norte de embrenhar esforço na continuação do negócio. Contudo, se o contrato dispuser de acordo com o consenso, isso resultará em norma interna a ser executada e com força em relação aos terceiros.

A participação patrimonial maior pode significar a percepção menor de lucros periódicos na conjuntura econômica, de tal modo que a expectativa de liquidação da sociedade seja uma zona cinzenta que afete a relação com os interessados, a prestigiar solução menos traumática possível para ambos os lados envolvidos no assunto.

Conferiu o legislador a possibilidade do recebimento pelo herdeiro, ou aquele separado judicialmente, a participação na quota social e o quinhão relativamente aos lucros enquanto perdurar a liquidação societária.

Atinente ao assunto, pois, não havendo interesse da permanência do herdeiro, ou daquele separado judicialmente, melhor acontecer avaliação da quota, balanço especial, do respectivo pagamento.

A impressão primeira radiografada na análise do art. 1.027 parte do pressuposto de sociedade entre cônjuges, mas respeitado o regime matrimonial.

Contudo, o falecimento ou a separação, em ambas as hipóteses, não proporcionam solução de continuidade, haja vista que a sociedade poderá, no prazo legal, transformar-se em firma individual, ou ter novo sócio.

VI – Da Resolução da Sociedade em Relação a um Sócio

Lei nº 10.406/2002

"Art. 1.028. No caso de morte de sócio, liquidar-se-á sua quota, salvo:

I – se o contrato dispuser diferentemente;

II – se os sócios remanescentes optarem pela dissolução da sociedade;

III – se, por acordo com os herdeiros, regular-se a substituição do sócio falecido."

Caminhando na estipulação do termo contratual e a efetiva característica da resolução, que não se confunde com rescisão ou resiliação, na clássica definição ditada pelo saudoso Orlando Gomes,[1] encerra a situação previsão atinente ao falecimento do sócio da sociedade simples de feição não empresarial.

Percorrendo o campo cogitado, nessa linha de pensar, a morte do sócio imporia, de imediato, a liquidação da quota, ao reverso da hipótese do artigo anterior (1.027), dês que com o óbito disso decorre consequência prática na composição, reportando-se à Lei nº 12.441/2011, empresa individual.

Elaborando a temática, o legislador destaca a liquidação como regra geral, porém sua incidência deixará de ser aplicada, de forma direta,

---

[1] GOMES, Orlando. *Contratos*. 10. ed. Rio de Janeiro: Forense, 1984.

quando dispuser diferente o contrato, se convier a dissolução na vontade coletiva dos sócios, ou mediante acordo se propuser a substituição daquele sócio que veio a falecer.

De fato, pode prever o contrato a não liquidação da quota do morto, e, sim, disciplinar circunstância de modo diverso que prestigie a forma pessoal e detalhe a continuidade para preservar o patrimônio, de tal sorte a romper com a clássica apuração de haveres. Demais, se for deliberada dissolução, tudo será feito num ato único e voltado para apuração conjunta das quotas sociais dos antigos sócios e daquele falecido.

Plausível suceder, outrossim, acordo com os herdeiros, no aspecto de substituição do sócio falecido por terceiro, pela própria sociedade ou mediante operação que não implique pura e simplesmente a liquidação da quota e apuração do haver do ex-sócio.

"**Art. 1.029. Além dos casos previstos na lei ou no contrato, qualquer sócio pode retirar-se da sociedade; se de prazo indeterminado, mediante notificação aos demais sócios, com antecedência mínima de 60 (sessenta) dias; se de prazo determinado, provando judicialmente justa causa.**

Parágrafo único. Nos 30 (trinta) dias subsequentes à notificação, podem os demais sócios optar pela dissolução da sociedade."

Notadamente, houve um aperfeiçoamento do legislador no relacionamento entre sócio e sociedade no que concerne ao tipo pessoal do empreendimento, não havendo mais possibilidade de dissolução unilateral, como previa tanto o Código Comercial como antigo Código Civil, reunindo pressuposto de continuidade da atividade.

Cabe ao sócio se retirar da sociedade se for por prazo indeterminado, com antecedência mínima de 60 dias, e na hipótese determinada apenas por justa causa em juízo comprovada, mas que não desce a detalhes ao conceituar o seu significado.

Destarte, justa causa deve ser entendida como a desavença entre sócios quanto às decisões e deliberações modificativas do contrato nas partes substanciais, a impor o recesso a fim de se oportunizar entrechoque de interesse danoso à sociedade.

Com a razão, e na esteira de Nelson Abrão,[2] o preceito de deixar a sociedade, mesmo celebrada por tempo determinado, concilia o princípio da liberdade de trabalho com a preservação da sociedade, sendo salutar para ritmar a consecução do objeto social e eliminar disputas internas.

E, por outro ângulo, estabelece a disciplina o prazo deliberativo tangente à sociedade de querer sua dissolução, fazendo com que, ainda indiretamente, se prestigie o sócio retirante, na dimensão do encerramento e liquidação da sociedade civil.

Fundamental considerar a chance de retirada tanto na sociedade simples com previsão de prazo indeterminado, e naquela determinado, na primeira mediante comunicação por notificação, em 60 dias antecipadamente e n'outra por declaração judicial, mas em ambas haverá a obrigação de ser apurado o haver e pago o que preferiu o recesso, enquanto a dissolução, ao nosso ver, somente é possível na hipótese primeira que reza o prazo indeterminado e de modo lógico.

"Art. 1.030. Ressalvado o disposto no art. 1.004 e seu parágrafo único, pode o sócio ser excluído judicialmente, mediante iniciativa da maioria dos demais sócios, por falta grave no cumprimento de suas obrigações, ou, ainda, por incapacidade superveniente.

Parágrafo único. Será de pleno direito excluído da sociedade o sócio declarado falido, ou aquele cuja quota tenha sido liquidada nos termos do parágrafo único do art. 1.026."

A exclusão do sócio abriga forma voluntária e de pleno direito, na hipótese primeira por força de deliberação dos sócios com pretensão judicial reconhecida e aceita, acarretando a situação de falta grave obrigacional ou legal, ainda meios demonstrando a evidência; no segundo caso, diante da incapacidade superveniente.

Com efeito, a conotação de pleno direito é possível quando houver a falência do sócio ou liquidação de sua quota, nas circunstâncias ditadas, sinalizando falta de capacidade econômico-jurídica para permanecer na sociedade. A exclusão de pleno direito independe de outras formalidades,

---

[2] ABRÃO, Nelson. *Sociedade simples*: novo tipo societário. São Paulo: Livraria e Editora Universitária de Direito, 1975.

exceto as medidas judiciais comprobatórias daquela realidade pontual na dimensão de sua materialização.

Destarte, não cumprindo o sócio com obrigação ou faltando ao dever que se lhe dizia respeito, ainda agindo de molde a revelar ausência de capacidade jurídica e econômica, todos os casos concretizam a viabilidade de sua exclusão.

"**Art. 1.031. Nos casos em que a sociedade se resolver em relação a um sócio, o valor da sua quota, considerada pelo montante efetivamente realizado, liquidar-se-á, salvo disposição contratual em contrário, com base na situação patrimonial da sociedade, à data da resolução, verificada em balanço especialmente levantado.**

§ 1º O capital social sofrerá a correspondente redução, salvo se os demais sócios suprirem o valor da quota.

§ 2º A quota liquidada será paga em dinheiro, no prazo de 90 (noventa) dias, a partir da liquidação, salvo acordo, ou estipulação contratual em contrário."

A previsão assentada no dispositivo legal regulariza e regulamenta o modo de ser liquidada a quota do sócio retirante ou excluído, exceto quando o contrato tiver expressa disciplina que modifique a interpretação, não conduzindo ao estado de coisa natural a redução do quadro societário.

Determina a norma a elaboração de balanço que se reportará à data da resolução, especialmente levantado, para efeito de serem apurados os haveres. Nota-se que o espírito é a dinâmica da resolução, ante a continuidade da sociedade, em sintonia com a minoria e o interesse da maioria prevalecendo.

Corolário disso o balanço especial e adrede tirado na ocasião da resolução, com a não presença mais do sócio, conterá o saldo da liquidação de sua quota-parte, na fração do conjunto, e no interesse de revelar o coeficiente líquido de sua participação.

Com o pagamento a ser feito em 90 dias e em dinheiro de contado, a partir da liquidação, exceto se houver norte contrário ou preferirem os demais sócios provisionar de modo à cobertura provocada com a retirada ou exclusão do sócio.

Inovação salutar é proporcionar um prazo menor de liquidação da quota, haja vista que os contratos disciplinam elasticidade que torna detrimentosa a posição do ex-sócio, porque a entidade tem campo operacional, ao passo que a dificuldade será extrema se a correlação de forças restar rompida.

Não se discute que o pagamento em 90 dias de importância elevada poderá desequilibrar a estrutura da sociedade, mas tudo dependerá da previsão do estatuto e da própria vontade dos sócios em suprir a lacuna e preencher o quinhão do ex-sócio.

Provoca a retirada ou exclusão, obviamente, a revelação real do capital social. Ressalte-se que a lógica conduziria à diminuição e à averbação no registro, no entanto, é dado aos sócios, e porventura não se fixa um prazo, a faculdade de complementação, mantendo o valor hígido. Esse prazo que não é previsto de forma rigorosa deve ser para efeito de manifestação de vontade porque, quanto ao pagamento, isso deverá ser deliberado *interna corporis*, mas sempre moderado para estipular linha de proteção ao mercado e sinalizar seu cumprimento obrigacional.

Na realidade, a saída voluntária ou motivada por causa superveniente de incapacidade por consequência da falência ou liquidação da quota sempre abre um espaço e fenda na sociedade simples, daí ensejar uma atenção especial em torno do contrato e mais de perto na ressonância do comportamento dos demais sócios.

Eliminando-se ou retirando-se um sócio, a carga terá repercussão na responsabilidade, e tudo indicará que deliberem os demais de modo a não transmitir incerteza, mas de absorver o impacto.

"Art. 1.032. A retirada, exclusão ou morte do sócio, não o exime, ou a seus herdeiros, da responsabilidade pelas obrigações sociais anteriores, até 2 (dois) anos após averbada a resolução da sociedade; nem nos dois primeiros casos, pelas posteriores e em igual prazo, enquanto não se requerer a averbação."

Contempla o permissivo legal a responsabilidade enraizada no sócio excluído, retirante e naquele que veio a falecer, no que diz de perto aos herdeiros, por dois anos, somente contados com a respectiva averbação no registro das pessoas jurídicas, implicando até o prolongamento para casos posteriores.

Com o desligamento e seu averbamento levado a efeito, perdura uma responsabilidade que é de dois anos; no interstício receberá uma vinculação para revelar o espaço de sua obrigação, mas sempre condicionado à averbação.

De fato, se houver recesso ou exclusão que se perfaz sem a comprovação da averbação, respondem os sócios pelas obrigações, por igual período, posteriormente à saída. Então, de forma dialética, se desenha o quadro: regra geral é trazer a relação para o passado e por dois anos, enquanto averbada e se não traduzir o ato para o futuro, em prazo de timbre idêntico.

Bem por isso, com a averbação, retroage a responsabilidade por um biênio e, sem a respectiva feitura, ela avança para que atinja os sócios retirantes e excluídos que têm desvinculação não formalizada em relação à sociedade e atinente aos terceiros.

Cuida-se de uma inovação com exigência acertada, de se obrigar ao registro da averbação da saída ou exclusão, comunicação que visa oferecer ao mercado e a terceiros conhecimento e possibilitar à sociedade uma transparência dos próprios atos, e, em virtude da omissão, remanesce a vinculação que sinaliza ponto de aperfeiçoamento no equilíbrio das relações da sociedade simples.

Enquanto o óbito, por si só, vem a público com singulares e peculiares características, em atenção à saída ou exclusão, faz o mercado jus ao conhecimento acerca da circunstância, inclusive para formar opinião e manter continuidade dos negócios. Bem agiu o legislador disciplinando responsabilidade para frente e para trás, e com tal dispor espancou dúvidas e dissipou controvérsias.

Na dicção proposta pelo legislador, permanece a responsabilidade pelos débitos e obrigações, pelo prazo de dois anos, depois de feita a averbação, conforme expressa previsão.

Consequentemente, em atenção à entidade societária, sob a forma de sociedade simples, temos o interstício de dois anos, após averbada a formulação da sociedade, contingenciando o limite da responsabilidade.

A esse respeito, na Apelação Cível 448.846.4/2-0, o Tribunal de Justiça de São Paulo, analisando responsabilidade de cooperados demitidos, entendeu que ela perdura até a aprovação das contas no exercício durante o qual se deram os correspondentes desligamentos.

Invocou-se, no decisório, o art. 36, da Lei 5.764/71, cuja redação é a seguinte:

"A responsabilidade do associado perante terceiros, por compromissos da sociedade, perdura para os demitidos, eliminados ou excluídos, até quando aprovadas as contas do exercício em que se deu o desligamento."

Naturalmente, a preocupação maior resvalou na segurança do modelo societário e o estabelecimento de prazo consentâneo à produção de efeitos, na responsabilização daquele que fora desligado da sociedade.

VII – Dissolução da Sociedade

Lei nº 10.406/2002

"Art. 1.033. Dissolve-se a sociedade quando ocorrer:
I – o vencimento do prazo de duração, salvo se, vencido este e sem oposição de sócio, não entrar a sociedade em liquidação, caso em que se prorrogará por tempo indeterminado;
II – o consenso unânime dos sócios;
III – a deliberação dos sócios, por maioria absoluta, na sociedade de prazo indeterminado;
IV – a falta de pluralidade de sócios, não reconstituída no prazo de 180 (cento e oitenta) dias;
V – a extinção, na forma da lei, de autorização para funcionar."

De forma plural e abrangente, disciplinou-se a modalidade de extinção do negócio contratual com a dissolução da sociedade simples, na circunstância de sua pessoalidade e aplicação subsidiária para os demais elementos encerrados na *affectio societatis*.

Evidente que gizou o legislador o perfil amplo e genérico de incidência da sociedade simples aos aspectos das outras sociedades, empresariais ou não empresariais propriamente ditas, com a visão elevada a respeito da congruência entre vontade social e previsão legal.

O cotejo do Código Comercial, nos seus arts. 335 e 336, e o Código Civil antigo, que tem eco no art. 1.339, ambos receberam alterações que foram provenientes do direito positivo, em estreita harmonia com a redação da Lei nº 10.406, de 10 de janeiro de 2002, em vigor desde o dia 11 de janeiro de 2003, observado o período visto da *vacatio legis*.

Entre as transformações experimentais ante a dissolução, podemos perceber que a morte e o recesso não implicam desfazimento do negócio societário, ainda a falência do sócio que acarreta seu desligamento e a plasticidade de tempo determinado em face da sociedade de único sócio, de molde a conter um sistema que é enumerativo e não *numerus clausus*.

Da redação como se encontra, em tese não admitiria a sociedade simples, no modelo atual, o decreto de quebra, porque estaria classificada em atividade não empresarial, fora da regular comercialidade que banha a essência da submissão ao procedimento concursal, disciplina distinta da Lei nº 11.101/2005, sujeitando-se ao regime a quebra.

Enumeradas as hipóteses de dissolução, a primeira se refere ao tempo de duração, porém se a liquidação inexistir e porventura inocorrer, sucedâneo disso é a prorrogação indeterminadamente, daí porque depende o retrato do balanço na falta de oposição de sócio a fim de colher êxito.

A segunda previsão ataca o consenso na sua unanimidade, cuja preocupação é levar ao denominador comum certo e seguro acerca do termo final que não mais perdurará, abrindo espaço na visão da cessação da sociedade simples, decorrente do princípio de coesão e coerência deliberativa.

Acrescenta notar que se vier a ser deliberado por maioria absoluta de sócios, na sociedade de prazo indeterminado, estará viabilizada a respectiva extinção com a dissolução seguida de liquidação para efeito de produzir eficácia no registro e diante de terceiros.

Define a regra a questão da sociedade de sócio único que terá efetivamente existência e validade por 180 dias, acontecendo consequentemente a regularização com entrada de novo sócio ou a transformação em firma individual, ainda aceito o primado da sociedade com no mínimo dois sócios.

O interstício de seis meses visa remodelar a sociedade e lhe oferecer a oportunidade de angariar simpatia de novo sócio, ou de sua indicação de firma, mas, se nada for feito, a dissolução sucederá automática e definida legalmente.

As sociedades que têm atividades dependentes de autorização governamental, com a perda dessa capacidade consistente na manifestação ditada por ato específico, corolário disso imporá a dissolução e repercutirá no funcionamento que restará prejudicado, sem condição essencial.

Fundamental sinalizar como causa de dissolução o atingimento pelo exaurimento do fim social e, reconhecida a inexequibilidade do negócio, com o término ou situação típica de inviabilidade, resulta a dissolução inelutavelmente para preservação da atividade, do mercado, de terceiros, haja vista que nenhum motivo subsistirá para prosseguimento, uma vez que a *affectio societatis* perdeu seu escopo diante de tais circunstâncias.

"**Art. 1.034. A sociedade pode ser dissolvida judicialmente, a requerimento de qualquer dos sócios, quando:**
I – anulada a sua constituição;
II – exaurido o fim social, ou verificada a sua inexequibilidade."

Trata o dispositivo da dissolução judicial da sociedade elencando dupla hipótese que disciplina a anulação de sua constituição ou com o exaurimento do fim social, ainda na reconhecida posição de inexequibilidade.

Natural destacar que, no seio societário, a falta de consenso ou de acertamento na deliberação não inibe seja entregue em mãos da Justiça o provimento que decidirá a respeito da dissolução da sociedade.

Anulação por defeito ou vício do ato jurídico, conforme considera o diploma legal, exigindo partes capazes, objeto lícito e forma prescrita ou não defesa em lei, dependendo da alegação da parte interessada que, no caso, seria o próprio sócio que encaminharia sua pretensão no propósito do desfazimento do negócio societário.

O exaurimento do fim social e sua inexequibilidade, ambos, são condizentes ao procedimento de dissolução na via jurisdicional, comprovando-se a legitimidade na demonstração *quantum satis* do preceito e sua submissão ao campo que desserve à continuação do fomento societário.

A questão relativa à dissolução judicial sempre passa por instabilidade e acarreta, em virtude disso, demora que reflete na posição dos sócios.

O aspecto da inexequibilidade da sociedade demanda prova técnica, e não simples argumento, pode classificar risco, ou transitória crise, mas seu enfrentamento prioriza análise técnica.

A dissolução judicial, nesta evolução, pode também ser tomada, em algumas hipóteses, com objetivo de eliminação do risco e descaracterização da incidência tributária, ou, ainda, referente às dívidas trabalhistas.

"**Art. 1.035. O contrato pode prever outras causas de dissolução, a serem verificadas judicialmente quando contestadas.**"

Encarece o predicado forma de questionamento amplo acerca da dissolução por causas previstas contratualmente e não disciplinadas na legislação específica, que podem nortear a tutela, daí se acontecer defesa, lícito se torna explorar melhor a circunstância na depuração de incidir a ruptura do negócio societário.

Consideramos que, nesses casos, é incompossível prestígio da antecipação da tutela que, por si só, violaria o norte da sociedade simples, representando precedente perigoso a desestabilizar a relação com o mercado, até eventualmente na junção de elemento probatório a suscitar dilação em tempo oportuno.

Elencando o contrato as situações transparentes de dissolução e observadas as ocorrências definidas por critérios objetivos, plausível o deslindar da matéria em nível jurisdicional, confortado por um exame sob o contraditório e fundamentado em razões relevantes comprovadas.

Natural que o espírito do contrato deva primar as hipóteses sem causar colidência ou vergastar o perfil societário, sob pena de mutilar a sua essência e desnaturar a regra de funcionamento.

Cuidando-se de entidade societária de conotação *intuitu personae*, a sua radiografia possibilita, formado seu modelo, a previsão de cláusulas e condições a respeito da dissolução.

Insta ponderar que a dissolução previamente ajustada depende da manifestação de vontade dos sócios, no sentido de sua correta aplicação.

Referidas hipóteses adaptam-se ao *numerus clausus* e reportam-se ao consenso entre os sócios no planejamento da sociedade simples e na forma de sua extinção.

"**Art. 1.036. Ocorrida a dissolução, cumpre aos administradores providenciar imediatamente a investidura do liquidante, e restringir a gestão própria aos negócios inadiáveis, vedadas novas operações, pelas quais responderão solidária e ilimitadamente.**

Parágrafo único. Dissolvida de pleno direito a sociedade, pode o sócio requerer, desde logo, a liquidação judicial."

Emergente à dissolução societária, é de rigor a imediata investidura de um liquidante com o escopo de fazer o levantamento e mapear a entidade visando realização de perdas e lucros no período de apuração, e consequente regularização no registro de pessoas jurídicas. Mas isso não inibe que atos reputados urgentes e inadiáveis se aperfeiçoem na dicção do negócio a ser gerido até final extinção.

Desenha-se a perspectiva de serem tomadas deliberações inadiáveis e que cercam a vida da sociedade, mas nada que ressoe nova operação e constituição de obrigações ao depois da dissolução, e, se acontecer o predicado citado, a responsabilidade será solidária e entrosada com seu perfil ilimitado.

Dentro do contexto normativo, é inadiável a imediata nomeação do liquidante para que proceda na delegação atribuída e extinga o quanto antes a sociedade, cuja dissolução fora deliberada, o que não obstaculiza a prática emergencial de atos, mas, se comprovada ficar técnica nova de operação, isso ditará responsabilidade ilimitada e solidária em atenção aos identificados na formação do negócio.

Existente motivação que direcione na versão da dissolução *pleno iure*, qualquer sócio terá capacidade postulatória na dicção da imediata liquidação judicial, cuidando de salutar aperfeiçoamento do modelo, na técnica de evoluir e progredir, com economia de tempo e dinheiro, na saudosa manifestação do mestre Nelson Abrão,[1] em clássica e inédita obra sobre o tema.

Curial anotar que de pleno direito se dissolverá a sociedade nas hipóteses disciplinadas no texto e na previsão contratual. Doravante, se concretizada a situação, nada impede – aliás, tudo aconselha – que requeira o sócio o mais cedo possível e judicialmente a liquidação.

Visualizava Walter Moraes,[2] no modelo da sociedade simples, tipo contratual formal, com tendência descivilizante, ante a liberdade estatuída aos sócios na defesa de seus interesses e da própria sociedade.

"**Art. 1.037. Ocorrendo a hipótese prevista no inciso V do art. 1.033, o Ministério Público, tão logo lhe comunique a autoridade**

---

[1] ABRÃO, Nelson. *Sociedade simples*: novo tipo societário. São Paulo: Livraria e Editora Universitária de Direito, 1975.

[2] MORAES, Walter. *Sociedade civil estrita*. 1986. Tese (Professor Titular) Universidade de São Paulo, São Paulo.

competente, promoverá a liquidação judicial da sociedade, se os administradores não o tiverem feito nos 30 (trinta) dias seguintes à perda da autorização, ou se o sócio não houver exercido a faculdade assegurada no parágrafo único do artigo antecedente.
Parágrafo único. Caso o Ministério Público não promova a liquidação judicial da sociedade nos 15 (quinze) dias subsequentes ao recebimento da comunicação, a autoridade competente para conceder a autorização nomeará interventor com poderes para requerer a medida e administrar a sociedade até que seja nomeado o liquidante."

Imprescindível a autorização para efeito de funcionamento e, cessada a sua presença, caberá, por força da dissolução, a liquidação da sociedade, e, acaso a providência não surja dos administradores, ou do próprio sócio na via judicial, incumbirá o papel ao Ministério Público no prazo de 30 dias contados da comunicação, se o órgão diretivo não implementar no trintídio da autorização perdida.

Consequência disso, sem sombra de dúvida, está na aferição de competência ao Ministério Público para agir na omissão do sócio e dos administradores que relutam em manter sem liquidação a sociedade, e, na hipótese de nada realizar o representante do *parquet*, a autoridade incumbida da autorização procedera à nomeação de interventor, colimando o requerimento da medida, com poderes de administrar o negócio até o final da liquidação a ser decretada.

Revestida a posição do Ministério Público de efeito supletivo, atuará o interventor nomeado pela autoridade que faz a autorização, cuja atividade consistirá em requerer a liquidação e, outrossim, de gerir por sua conta e risco o negócio até que sobrevenha o término da sociedade liquidanda.

Na legislação da Espanha, conforme revela Javier Gimeno Gómez-Lafuente,[3] o papel do liquidante se assemelha ao do administrador, contendo idêntica responsabilidade, sendo regra geral a gratuidade do cargo, com nexo de retribuição parecido com os síndicos na quebra.

Desde logo se percebe a preocupação do legislador desenhada no sentido de se permitir imediata nomeação do liquidante para cumprimento do seu papel, com a tarefa de produzir resultados e coordenar a extinção da sociedade, tanto que fez menção ao Ministério Público e interventor na

---

[3] GÓMEZ-LAFUENTE, Javier Gimeno. *Sociedades de responsabilidad limitada*. Pamplona: Aranzadi Editorial, 1997.

última hipótese viscejando campo a definir certeza e segurança jurídicas no plexo das relações negociais e não empresariais.

Efetivamente comunicado o Ministério Público acerca da cessação da autorização de funcionamento, terá prazo de 15 dias para alcançar função compatível de requerer a liquidação. Enfim, se nada for feito, derradeiramente ficará com o interventor o papel da administração provisória e liquidação temporária para destinação judicial com escopo de extinção regular da sociedade.

"Art. 1.038. Se não estiver designado no contrato social, o liquidante será eleito por deliberação dos sócios, podendo a escolha recair em pessoa estranha à sociedade.

§ 1º O liquidante pode ser destituído, a todo tempo:

I – se eleito pela forma prevista neste artigo, mediante deliberação dos sócios;

II – em qualquer caso, por via judicial, a requerimento de um ou mais sócios, ocorrendo justa causa;

§ 2º A liquidação da sociedade se processa de conformidade com o disposto no Capítulo IX, deste Subtítulo."

Competem ao liquidante as funções específicas encerradas nos arts. 1.102 a 1.112 do novo Código Civil, disciplinando, um a um, todos os aspectos das obrigações, responsabilidades, transparência e fixação de prazo concernente ao papel a ser exercido.

Naturalmente, se não contiver o contrato social a definição sobre o liquidante, cogitar-se-á de sua eleição por deliberação dos sócios, nada vedando que recaia em terceiro estranho à sociedade.

Fundamental dissecar o espírito que centra o norte da análise ditada pelo legislador, qual seja, a perspectiva de escolha do liquidante acaso não haja arquitetura prévia estabelecida, e a não deliberação em assembleias podendo atingir terceiro que não tenha a qualidade de sócio, a representar democratização da visão do contexto societário.

No que diz respeito à destituição do liquidante, o procedimento ganhará corpo por intermédio da deliberação dos sócios, ou, caracterizada a justa causa, na determinante judicial, comprovadamente catalogada na sua substância a pressupor falta de requisito de habilidade profissional no exteriorizar regular *perfomance*.

De se observar em todos os aspectos a centelha criada pelo legislador a sedimentar ponto de abrigo na democracia da sociedade e na técnica de se permitir diálogo produtivo, discussão construtiva e deliberação pela expressão da maioria na liquidação que se governa em mãos do liquidante, donde a sua retirada com a dispensa depende do conjunto ou se instrumentaliza por mecanismo ditando provimento específico.

Conveniente esclarecer que o liquidante não goza de qualquer estabilidade, permanência ou garantia no cargo e papel assumidos, podendo ser despedido a todo o tempo, na dicção dos sócios ou no divisar de tutela que examine o caso concreto e se posicione mediante ocorrência, estreme de dúvida, da justa causa assinalada.

Cumpre salientar que a presença do liquidante pode ocorrer tanto em razão da previsão do contrato, para a dissolução, mas, também, por força da dissolução judicial, com o exaurimento da atividade.

Bem por tudo isso, o liquidante tem responsabilidade e concomitantemente deve observar a sua posição, para ultimar o seu propósito, notadamente em razão das obrigações.

O aspecto da justa causa necessita comprovação e destaca que qualquer incorreção feita pelo liquidante, a qual possa interferir no exercício de sua atividade, implica o conhecimento e eventual destituição.

VIII – Sociedades Profissionais Subsidiadas das Limitadas

1 Eficácia dos aspectos de organização societária

Vimos que a noção prospectada no contexto das sociedades simples evidencia, sem maiores dificuldades, traço característico que a assemelha às organizações de conteúdo uni ou multiprofissional, com a percepção de natureza não empresarial, cuja submissão particulariza a força do contrato, dentro dos princípios da autonomia de vontade e congraçamento captando o núcleo do *status soccii*.

Trata-se, na verdade, do tipo mais elementar societário, destinado ao exercício de atividade de caráter econômico, porém diferenciado dos demais, mas se pode seguramente abstrair desse ponto de vista uma vinculação com a atividade agrária.

Efetivamente, com o grande impulso da regionalização e transformação do agronegócio, diante dos investimentos maciços, e a produção voltada substancialmente ao mercado exportador, constitui-se a sociedade simples no instrumento de capacitação e de organização interna voltada para a consecução de muitas formatações que se interessam na forma ligada ao desenvolvimento da criação de empregos e uma capa de aliança entre o investimento e o trabalho operacionalizado no campo.

As sociedades profissionais banhadas pelo legislador com sede na força normativa podem se diversificar no ramo de medicina, engenharia, de advogados, arquitetos, publicidade, propaganda, enfim, um leque incomensurável de atividades próprias que se estabelece com dupla finalidade, a primeira, de atender a modalidade organizacional, a segunda, se coadunar com o elemento gerador de condições técnicas peculiares ao desenvolvimento econômico.

A respectiva comunhão de interesse (*Interessengemeinhschafien*) se proclama entre os empreendedores do negócio para efeito do resultado econômico, próprio do fenômeno societário, ambicionando preservar a individualidade e a plena autonomia no exercício do negócio.

O aspecto formal persegue a autonomia e a liberdade, com o traço dinâmico que sinaliza a sociedade de espelho profissional, dada a possibilidade de flexibilizar as regras, alterar a envergadura do negócio, permitir participações recíprocas e com aumento ou redução do capital, enfim, a retirada e o recesse se pontuam inerentes ao desinteresse de permanecer no ente societário.

Como afirmamos, a sociedade simples deita raízes e tem seu berço destacado nos primórdios do Código Civil Italiano de 1942, como assinalou Francesco Galgano,[1] de molde a atender ao preceito finalístico de ordem econômica.

2   Negócio societário e multilateralismo

A empresa que tem sua atividade voltada para a organização de serviços prestados e produção de bens ganha no modelo da sociedade simples uma nova realidade que se amolda ao predicado profissional, artesanal, articulando-se no campo agrário, como setor de maior respaldo na técnica de realizar o negócio econômico.

A integração entre capital e trabalho se revela multidisciplinar e amplia o seu aspecto no multilateralismo que se consegue com os recursos angariados na formação do capital, sua respectiva integralização e o grau de responsabilidade derivado.

Preconiza-se, por tal ângulo, um negócio societário de regras *intuitu personae* com visão contratual, ao contrário dos princípios fundamentais que endereçam dinamismo aos empreendimentos empresariais, a uma pela situação do quórum, a duas em termos de obediência às cláusulas de constituição da sociedade, derradeiramente em atenção à possibilidade de substituição dos sócios, cuja forma expressa consentimento plural.

Reservada a sua tessitura à pequena e média empresa, as sociedades simples contemplam vantagens ao lado das desvantagens que se mostram

---

[1] GALGANO, Francesco. *Diritto privato*. Padova: Cedam, 1981.

ao longo da redação do negócio societário, notadamente por causa da presença diretiva seletiva que visa acompanhar o andamento por meio da participação e o direito de voz na deliberação interna.

Pode-se cogitar, no âmbito da sociedade simples, o aspecto ocasional que consabidamente consagra a sua própria existência, de tal sorte a reunir um balizamento de cuja duração percorrerá um desenvolvimento e a técnica gradual de se chegar à sua precípua finalidade, cabendo ao administrador zelar pela boa técnica, imprimindo cuidado e diligência que todo homem ativo e probo costuma empregar nos seus próprios negócios, mas toda essa interdisciplina parte da premissa de guarnecer o quórum deliberativo e ajustar a vontade da maioria na preservação do conceito que funda o negócio societário.

Bastante ponderar por tal seara a situação de conotação multilateral, na medida em que empresta relevo à formação de atividades que se compatibilizam com a necessidade econômica, a conveniência do mercado e o menor risco em termos de responsabilidade.

Avançando no conceito disseminado no panorama da sociedade simples, pois, com a lição inolvidável de Ferri,[2] a natureza da atividade percorre o campo do não reconhecimento, como emblematicamente disposto pelo legislador, sem timbre comercial, eis que realiza sua consecução independentemente do resultado e se habilita a congregar múltiplos esforços dos seus componentes que integram a forma societária.

3 Extensão do objeto das sociedades simples

A preocupação que dita a presença desse tipo societário empalma a vertente de uma diretriz cujo núcleo repousa no binômio de um capital social correspondente ao porto da empresa e uma convergência de vontades atrelada ao pressuposto do interesse comum entre os sócios que forma o negócio societário.

Nessa realidade e na visão divisada, a extensão do objeto pode atrelar a multivariedade dos negócios sem ter o predicado de afetar a regra da *ultra vires societatis*, porquanto uma coisa é a sociedade de pessoa e a outra de capital, ocorrendo uma separação que se presta a caracterizar cada uma delas.

---

[2] FERRI, Giuseppe. *Le società*. Turim: Unione Tipografico – Editrice Torinese, 1971.

Disso resulta, por evidente, que a sociedade simples pode trazer no bojo do seu objeto social uma gama de serviços ou de atividades conjugadas, tanto na forma originária, como na modalidade de se aplicar subsidiariamente ao tipo da limitada.

Quadra ponderar sua sinalização adjetivada, pois que o beneficiário modela a finalidade da licitude que preserva os requisitos do ato jurídico societário, tudo na delimitação do mecanismo societário e com a real clareza de atribuir direitos, obrigações e visualizar o campo da responsabilidade.

Como acertadamente pondera Custódio da Piedade Ubaldino Miranda,[3] a circunstância estabelece a juridicidade do negócio, sendo criado um núcleo que vincula as partes na feitura do ato-fato, comportando um perfil que se limita às regras do jogo estabelecidas.

Vivifica-se uma possibilidade em maior ou menor amplitude, no sentido prático de compreender um tipo societário personificado com finalidade identificada com a realização do negócio profissional, daí por que a similitude criada a partir de sua origem, variando a cada modalidade, mas sempre na tendência de privilegiar aos sócios.

Naturalmente, dado o objeto social imposto na formação do negócio societário e levado adiante, os seus aspectos peculiares mostram a responsabilidade, seu grau de incorporação às vicissitudes que fazem parte do risco, mas num plano menor, haja vista o porte da empresa e sua missão não lucrativa que lhe asseguram meios eficientes à destinação de seu pressuposto contratual.

Tonificada a razão de ser dessa espécie societária normativamente proclamada com a circunstância que se reporta ao Direito Comparado, bem se nota uma flexibilização interna que preconiza mudanças sucessivas ou conjugações de vontades no próprio objeto, tudo colimando atingir a etapa de sua manifestação, com os recursos provenientes da constituição.

4 Características societárias e atividade econômica

A sociedade simples, como se apresenta dentro de sua condição profissional, participa da possibilidade de estar vinculada ao próprio negócio

---

[3] MIRANDA, Custódio da Piedade Ubaldino. *Contrato de adesão*. São Paulo: Atlas, 2002.

econômico, com isso se pretende significar o grau de sua importância, tanto na relação agrária ou na comunidade na qual é constituída para alcançar seu objeto social.

Assinala a diretriz as características de personalidade, com percepção de não buscar imediatamente ou de forma direta o lucro, e, outrossim, permear circunstância típica de uma composição mínima de dois sócios e a integralização do seu capital.

Revelando personalidade e constante apego ao formalismo, as delimitações da sociedade simples estão corporificadas no seu retrato peculiar de atender à finalidade ensejando menor grau de concentração no mesclar capital e trabalho.

Estereotipada essa linha de raciocínio, portanto, cumpre prognosticar a sua inserção no meio não empresarial, e ventilada como típica unidade de pessoas aglutinadas na formação do ente societário, inovando-se no trato da matéria que vislumbra a decomposição periódica entre determinada agremiação e seu escopo quase transitório.

Essa característica, por si só, poderia reduzir o conflito que haveria entre sociedades de capital e de pessoa, passando a tonificar uma roupagem acentuada por meio daquelas empresárias e outras singularmente civis, como dispunha o revogado e vetusto Código Civil de 1916, com fiel tradição na legislação francesa e código de Napoleão.

Conquanto possa traduzir uma fórmula que atenda ao micro e pequeno empresário, a legislação não descartou o diploma nº 9.841/1999, o qual privilegia em harmonia o negócio empresarial, bem como confere um tratamento de conotação especial na órbita das obrigações fiscais trabalhistas e previdenciárias.

Com efeito, enquanto existe uma simplificação muito elevada no conceito de pequena e microempresa, com ela convivem as sociedades denominadas simples, para efeito de manter no seu encalço uma finalidade profissional, da atividade rural, ou simplesmente espelhar a manifestação de vontade destinada à constituição do ente sem preservar intuito lucrativo.

Diante disso, as sociedades simples têm coloração específica que confere a elas uma peculiar configuração na órbita jurídica, com seu aparecimento por intermédio do Registro Civil das Pessoas Jurídicas, no prazo de 30 dias da constituição, com base no pressuposto ditado pelo art. 998 do Código Civil.

Pondera, como mecanismo de diferenciação, o professor Arnold Wald,[4] a fenomenologia da empresa moderna, integrada à economia internacional, a força dos grupos e *joint ventures*, transparência, mais controle, com a redução proporcional do grau de risco, inclusive na atividade profissional, mediante a terceirização do serviço.

5   Reflexo subsidiário e benefício fiscal

Uma das mais importantes inovações de que cuida o atual Código Civil diz respeito ao critério de aplicação subsidiária da matéria que afeta tanto as sociedades simples quanto limitadas, disso partindo uma grita generalizada que preferiria, sem a menor dúvida, manter o espírito de coesão e funcionalidade do Decreto nº 3.708/1919, apagando qualquer conotação de identificar a necessidade de transformação em anônima ou outro tipo societário.

De fato, não andou bem o legislador ao considerar subsidiárias das limitadas as sociedades simples; a uma, deu-lhe conotação excessivamente formalista, a duas, pecou ao inserir um instrumento que desserve à dinâmica das empresas e, por derradeiro, tipificou no seio societário uma conceituação que não retrata, nem de longe, as vantagens das limitadas apegadas supletivamente às companhias.

Efetivamente, a situação preconiza uma descaracterização modelar no âmbito das sociedades limitadas e adstringe sua finalidade à aplicação logística do prisma radicado nas sociedades simples, isso quer significar uma participação mais efetiva dos sócios nas deliberações, redução da importância do capital, menor probalidade de exclusão e do recesso, onerando, por corolário, o funcionamento das limitadas.

Se é certo que, por outro lado, independentemente das alterações normativas, fosse possível um tempo de adaptação de um ano, para que vigorasse a partir de 2004, muitas empresas dessa feição, com receio das novidades e surpresas, fizeram a transformação em companhias fechadas ou partiram para um modelo societário que mais ditasse a prevalência do capital, sem estrangular a vontade dos sócios e do instrumento de negociação.

---

[4]   WALD, Arnold. O empresário, a empresa e o Código Civil. Artigo Publicado no Livro *O novo Código Civil*. São Paulo: LTr, jun. 2003.

Explica-se o retrocesso pelo fato referente à demora na tramitação do diploma normativo, cujo tempo de maturação e sua respectiva aprovação decorreu três décadas, desadaptando-se, por completo, do sentido do modelo econômico e da situação perfeitamente hospedada na acepção da globalização.

Indaga-se, portanto, na quadra do pensamento, se seria importante e vital a presença de sociedade simples e, por conseguinte, de sua aplicação subsidiária às limitadas. Antes de se inferir uma resposta precisa, mister destacar que a economia nacional, atravessando crise, tem sua pujança nas micro e pequenas empresas, reflexo de quase 85% da produção e ainda mercado exportador, assim poderia mesmo ser inserida a modalidade societária, porém nada levaria ao significado de timbrar regulação das limitadas.

Em relação aos benefícios fiscais, no que disciplina as sociedades uniprofissionais, para efeito de incidência de impostos (ISSQN), muito embora o legislador não se atinasse a tal ponto, sabemos que analogamente às micro e pequenas empresas também há um ponto de convergência destinado às sociedades simples.

A tipologia da sociedade simples, como vimos, em diversas etapas, referentemente à sociedade unipessoal ou mesmo cooperativa, permeia a situação fiscal.

Explica-se, mais amiúde, o color de tutelar os interesses societários, em função da menor carga tributária, porém, o âmbito empresarial tem sido analisado pela jurisprudência.

Evidencia-se, com tal pressuposto, caminho que não pode distorcer a realidade, ou pelo escopo do lucro, em cobrir, tipo legal econômico.

Consequentemente, referida pressuposição traz na sua dinâmica a visualização do liame societário relacionado à subordinação de tributo.

Não se aplica, portanto, indefinidamente, o tipo fechado societário, quando a atividade econômica descortina simples interesse de infirmar a responsabilidade tributária.

Bastante oportuno revelar, diante do contexto, que o próprio Superior Tribunal de Justiça, ao tratar do regime tributário, para favorecer o contribuinte, sustenta que a sociedade simples não pode ter feição empresarial.

Partindo dessa visão, não podem os sócios submeter o comando à pessoa jurídica, mas, ao contrário, responder pessoalmente pela regularidade da prestação do serviço.

O sobredito exame da matéria pode ser encontrado no Recurso Especial 1189561, do Paraná, Ministra Eliana Calmon, a qual divisou os elementos pertinentes à atividade econômica, para afastar o enquadramento, na modalidade de sociedade simples, submetendo a entidade ao regime normal de tributação.

IX – Insolvência e Recuperação de Sociedades Simples

1 Caracterização do estado de insolvência e a empresa

Didática e praticamente não se destinam as sociedades simples ao cunho empresarial do qual se revestem as sociedades comerciais, traço que se fazia com maior relevo no Código Civil em cotejo com o Comercial, naquela circunstância entre autonomia dos ramos jurídicos, das obrigações e classificações societários, daí por que importa considerar a especificidade que governa esse tipo de negócio econômico.

Interessante de passagem destacar que as sociedades simples não podem mesclar ou ter conotações que refujam do seu espectro civil, donde o legislador trouxe à baila o perfil do art. 983 do Código Civil em vigor, e na hipótese de incidência subsidiária teremos um aspecto híbrido regido pelo Código Comercial.

Essa dicotomia de grande reflexo na órbita jurídica, portanto, implica dizer que o diploma normativo 11.101/05, preocupado com a preservação da empresa e do próprio negócio, colocou em segundo plano a insolvência, não submetendo as cooperativas, e muito menos as sociedades consideradas simples, ao regime falimentar.

Não poderia se cogitar de forma distinta, porquanto a limitada civil se prestava a auferir lucro, e nos Tribunais a matéria ainda se revestia de certa dificuldade na interpretação, mas o melhor conceito prima por enxergar não no ato constitutivo a matéria essencial, mas sim na dinâmica dos negócios o elemento de transição entre o estatuto contratual e as repercussões do lucro.

Hodiernamente seria um despropósito dizermos que entidades civis e com preceitos não empresariais, mas que auferem lucros relevantes, portanto, não pudessem submeter-se aos predicados rígidos do procedimento de quebra, tanto que a insolvência disciplinada no Código de Processo Civil de 1973 tem uma aplicação quase nula, pois não atende ao regramento que hoje prevalece de dissolução e liquidação da empresa.

Vem como luva a lição declinada pelo saudoso Manuel Broseta Pont,[1] que se expressa da seguinte maneira:

> "A permissão de sociedades civis com forma mercantil é altamente criticável porque dá lugar à aparição de figuras cujo regime jurídico é contraditório e obscuro, criando sociedades híbridas cuja virtude prática é escassa. Se, segundo o art. 1.670 do Código Civil, tais sociedades têm de submeter-se às normas do Código de Comércio, a menos que estas se oponham às contidas no Código Civil, será necessário em cada caso concreto proceder a uma minuciosa análise das normas civis e mercantis, aplicáveis para descobrir se entre elas existe, ou não, contradição."

Verdadeiramente, pois, o destaque, cabe sinalizar a diferença suscitada entre o tipo comercial e aquele que se define por uma plasticidade própria, de configuração estreita, sem conteúdo econômico, mas tudo estaria submetido ao crivo da avaliação dos comandos inerentes à atividade societária.

A insolvência civil está disciplinada no atual Código de Processo Civil, enquanto a de natureza empresarial, por conseguinte, encontra fundamento no diploma 11.101/05, envolvendo o estado de cessação de pagamento, a caracterização da mora e a inviabilidade do negócio.

Aos olhos do diploma 7.661/1945, sem a menor dúvida, as sociedades civis, como disciplina a espécie em seus contornos, não estaria gizando hipótese típica de caracterização do estado falimentar, mas, quando figurasse subsidiária ou supletivamente com regras empresariais, tudo indicaria a perspectiva de se lançar a sujeição tópica de quebra.

Evidente, por tudo isso, que o diploma normativo 11.101/05 não tratou de submeter as sociedades simples ao modelo falimentar, mas ao regime de autoliquidação, como acontece em relação às cooperativas.

Enquanto visou o legislador adotar o regime próprio para tais entidades, fica a dúvida quando estamos diante do produtor rural, considerado

---

[1] PONT, Manuel Broseta. *Manual de derecho mercantil*. Barcelona: Editorial Tecnos, 1972.

empresário, adjetivando-se o registro público para tanto, e as cooperativas com escopo lucrativo.

Na realidade, embora se denomine cooperativa, podem ter a feição de participação em outras empresas, as denominadas companhias, motivo pelo qual encontram contorno, integralmente na Lei 11.101/05.

Perdeu-se, quase por completo, interesse na distinção entre sociedades civis e comerciais, a partir do momento em que o legislador do atual Código Civil, ao tratar do tema, identificando a personificação, colocou divisor de águas, caracterizando a sociedade simples desprovida de conotação de lucro.

Admitamos, por corolário, uma limitada que nos seus contratos preveja a forma de sociedade simples, portanto, a reger suas lacunas e deliberar nos casos de conflitos, modelo híbrido, sem dúvida alguma, mas que especificaria uma vivência em termos de lucro, com predicados mais fechados e ortodoxos de sua regulamentação.

Enfocada e balizada a questão no seu aspecto prático, a sociedade simples tem função nítida de pessoas, com relação contratual e princípio obrigacional; dessa forma, estaria sendo protegido o negócio sem a incidência pontual da regra de insolvência, exceto naquelas situações nas quais o equilíbrio mostrasse conotação empresarial.

Com escólio na lição do saudoso professor Walter Moraes,[2] a jurisprudência, enfrentando o assunto, por intermédio da 4ª Câmara Civil do Tribunal de Justiça, sem a menor dúvida, pôde desafiar o tema com a percepção que "na área da distinção entre as sociedades civis – não sujeitas à falência – e as comerciais, predomina o fundo sobre a forma".

Consequentemente a distinção entre civil e comercial se percebe mais pelo objeto, centrado nas operações específicas empreendidas, porquanto o moderno direito não fala mais dessa forma, porém destaca o cerne da questão ao timbrar sociedades empresárias e não empresárias.

Ao contrário do seu local de nascimento, como retrospectiva do Direito Comparado, ao ser concebida, a sociedade simples não possui personalidade, ente não reconhecido, com maior liberdade na autonomia de vontade e no pacto contratual, porém o legislador se permitiu, agindo diferentemente, conferir personificação e manter o registro.

---

[2] MORAES, Walter. *Sociedade civil estrita*. São Paulo: Saraiva, 1986.

2   Preservação da sociedade não empresarial

Seguindo o caminho desenhado pelo legislador, entre sociedades empresárias e não empresárias, temos o norte que se aplica ao modelo de recuperação do negócio societário, ao passo que, numa hipótese, é clara a finalidade do lucro, n'outra, ela se embasa na conceituação simplesmente econômica que poderá evidenciar o mesmo propósito, haja vista a crescente formatação de sociedades profissionais em seus múltiplos ramos de atuação.

Perpassando o laço delimitado pela noção empresarial, atualmente, em razão da economia globalizada, direta ou indiretamente, temos o escopo do lucro, na razão de ser da organização da sociedade.

A distinção entre sociedade empresária e não empresária, a bem da verdade, conceitua dualidade adotada pelo legislador, mas não trata especificamente do rigorismo para afastar a classificação impregnada.

Pretende-se significar com isso que o caráter empresarial do qual se reveste a atividade significativamente parte do modelo que está organizado.

Bem lembrado, portanto, o fundamento da atividade econômica organizada para a produção de bens ou serviços.

Corolário disso, dependendo da importância dessa regra, a preservação é da entidade, precipuamente com escopo de lucro e subsidiariamente daquela outra sem este intuito.

A Varig, exemplo típico, tinha o seu controle pela Fundação Rubem Berta. Enxergando exclusivamente a entidade fundacional, não alcançaremos perspectiva de recuperação, porém, a situação expunha muito mais do que esse formalismo, ou seja, atividade econômica – organizada.

Dissemos e reafirmamos que a tipologia societária nem sempre exterioriza seu primado, ou a razão de ser, mas o essencial é diagnosticar, não pela roupagem, mas pelo conteúdo, o valor que simboliza a sociedade.

Em linhas gerais, a situação que cuida do espírito de preservação não disporia da empresa como delineada no Código Civil Italiano, mas nos moldes de sua definição espelhada no atual Código Civil, cuja formulação empresta conteúdo singular à atividade desempenhada. Comporta ponderar a lição de Asquini[3] ao definir o perfil poliédrico da empresa e

---

[3]   ASQUINI, Alberto. Perfis da empresa. Tradução nacional. *Revista de Direito Mercantil*, nº 104, p. 110.

seu recorrente aspecto de repercussão na delimitação sob o controle do legislador e da regra normativa.

A bem da verdade, o atual Código Civil passa a cuidar da figura do empresário, desenhando seu conceito e projetando sua significação, da forma seguinte:

Lei nº 10.406/2002

"Art. 966. Considera-se empresário quem exerce profissionalmente atividade econômica organizada para a produção ou circulação de bens ou de serviços."

Evidente que a finalidade econômica das sociedades simples, dotadas de personalidade, embora sem aspecto empresarial direto, volveria à concepção de sua importância, na medida em que, na sociedade moderna, as organizações praticam atos em massa, cujo encadeamento por certo gera lucro e as submete ao crivo da política de pelo menos tentar recuperar aquelas que atravessam o estado de crise.

Na fenomenologia contemporânea, não se pode conceber com variação multilateral o ressoar do estado de quebra, a uma, é fora de propósito da circunstância de preservar a empresa, a duas, conflita com o mecanismo de produção ou prestação de serviços, por derradeiro, a exemplo de micro e pequenas empresas, as sociedades simples devem percorrer um caminho de reciprocidade no prestígio de continuidade dos negócios.

O empresário, no sentido lato, pode ser aquele individual, estabelecido sob a forma societária, empresário rural, desde que tenha por finalidade a produção de bens, ou circulação, alternativamente serviços.

Esta jornada relativa ao empresário diz respeito a um campo árido, no qual a simples especificação não rotula o seu propósito ou desqualifica o intuito lucrativo.

Bem antes de qualquer presunção, a sociedade simples também merece preservação, dependendo do escopo e da conotação social, ainda que não revestidas do propósito de lucro.

Fluindo desse aspecto e assentado na premissa singular que rege a vida contratual das sociedades simples, não se pode cogitar de eliminar da sua raiz uma base centrada no princípio de recuperação, tanto por servir ao interesse do negócio, mas por atingir reflexos que transcendem o direito subjetivo, ganhando contorno publicístico.

3 Inexequibilidade societária e dissolução

Dissemos, linhas atrás, que a entidade conhecida como sociedade simples, distante de dúvidas, reflexo da vontade do legislador, veio cunhada em modelo antigo do Direito Comparado, malgrado o preceito que se constitui na vicissitude abordada, nada pode diminuir a capacidade de manter em atividade o negócio e deixar ampla margem relacionada à continuidade.

Entretanto, previsão expressa do art. 1.033, do Código Civil em vigor, traça regra geral e vamos encontrar no art. 1.034, no seu inciso II, a seguinte determinação que leva reflexão, da maneira redigida e na sua dicção:

Lei nº 10.406/2002

"**Art. 1.034. A sociedade pode ser dissolvida judicialmente, a requerimento de qualquer um dos sócios quando:**
I – [...]
II – exaurido o fim social, ou verificada a sua inexequibilidade."

Revolucionária a expressão que contempla simples e diretamente o meio de reconhecer não a impossibilidade da sociedade, mas, sim, da atividade como um todo, e não pode colidir com o predicado de recuperação do negócio, na medida em que se torna inexequível qualquer tipo de sociedade simples sem uma base estruturada e capital existente a fim de se atingir o próprio objeto social.

Bem se divisa na hipótese de concretude plural que o elemento que a distingue dos demais se proclama na esfera judicial, a pedido do sócio, que deverá demonstrar, mediante provas irrefutáveis e inequívocas, a inviabilidade do negócio societário, a ponto de se constatar sua inexequibilidade.

Envolveria, a princípio, o norte da inexequibilidade um duplo sentido, a premissa de não alcançar o escopo declinado na constituição, a dificuldade de crise não transitória, a sugerir pura e simplesmente a dissolução judicial da atividade concentrada na sociedade simples.

Exposta a matéria e guarnecida de sua roupagem peculiar, importa criticar o dispositivo que atribui a qualquer dos sócios, quando o mais correto, independente de ser empresária ou não, seria de conferir um grau de participação na sociedade, a fim de não esmorecer sua atividade e causar conflito interno e no mercado.

Atribuir a sócio minoritário ou de participação ínfima, sem relevo, o mecanismo de dissolução, a título emulativo, seria empenhar toda a estrutura em comprovar a deslealdade do pedido e sua prejudicialidade, inclusive concorrencial, fato que chama a atenção na vertente inadiável da mudança.

4 Previsão normativa recuperatória e disciplina jurídica

O diploma vigente, sob nº 11.101/05, previu pressupostos indispensáveis ao estado de crise transitória da empresa, por meio da recuperação judicial ou extrajudicial.

Referida dinâmica permite encontrar respaldo para o alongamento das dívidas e a forma de parcelamento, dependendo do plano e sua aprovação em assembleia.

Coloca-se, em definitivo, para o passado, a circunstância de se objetivar a quebra, agora em segundo plano, prestigiando-se a salvaguarda da empresa e a boa-fé do empresário.

Deixando para trás o vetusto diploma, Decreto-lei nº 7.661/45, que não se coaduna com os negócios, com a realidade da empresa e o moderno conceito surgido no espírito econômico que particulariza o desenvolvimento da produção, temos como seguro o Projeto de Lei nº 4.376/93 acompanhado do PL BN. 205, de 1995, que com ele se encontra apensado, dinamizando uma forma sadia, salutar e inequivocadamente de reconstrução da empresa em crise. Ao comando da situação jurídica e de sua disciplina específica, vamos encontrar na dicção do art. 1º a possibilidade seguinte:

Decreto-lei nº 7.661/1945

"Art. 1º Esta lei institui e regula a recuperação judicial, a recuperação extrajudicial e a falência da sociedade empresária, da sociedade simples, do empresário e da pessoa física que exerça atividade econômica em nome do próprio e de forma organizada, que doravante serão denominados simplesmente 'devedor'."

Em continuidade ao citado dispositivo para que façamos uma interpretação plural e conjunta de sua finalidade, o parágrafo único tem a menção respectiva:

"Parágrafo único. O disposto neste artigo não se aplica:
I – [...]
II – [...]
III – ao artesão, ao que presta serviços ou ao que exerce atividade profissional organizada preponderantemente com o trabalho próprio ou dos membros da família, para fins de subsistência familiar;
IV – ao profissional liberal e à sua sociedade civil de trabalho."

Materializada a moderna legislação, sem qualquer dúvida, se aplica à sociedade simples a previsão de recuperação, uma vez que o legislador não derivou na distinção entre sociedades empresárias e atividades econômicas, preferindo o caráter organizativo e sua essencialidade do registro, a dotar de personalidade jurídica a respectiva sociedade.

Dado o seu grau de relevo, e nos primórdios do seu nascimento, os incisos do parágrafo único poderiam ter incidência nas sociedades simples de menor capital ou formadas com prazo de duração determinado, dentro do âmbito e do local de suas atividades, donde seria imprescindível apagar a repercussão entre sociedade civil e comercial e passar a gravitar atenção no modelo empresarial ou não do negócio constituído.

A moderna legislação que cuida da recuperação judicial, em tese, não se aplica propriamente ao modelo da sociedade simples, sob o prisma exclusivamente da insolvência, de índole falimentar.

Preferencialmente, dado o caráter orgânico e próprio da entidade, dotada de personalidade jurídica, estando inscrita no registro adequado, não se descarta a recuperação.

A sociedade simples, inegavelmente, cumpre papel relevante, no seu propósito, na formação inerente à sua constituição e objetiva modelo de organização do negócio constituído.

5 Capital, patrimônio e forma de reorganização societária

Marcantemente, as sociedades simples, pela forma não empresarial, se revelam entidades que desenvolvem os negócios econômicos e perseguem objeto social, mas que podem experimentar crises e por tal ângulo submeterem-se aos procedimentos de recuperação, dependente do capital, da avaliação do patrimônio e do princípio da economicidade voltado para reorganização com melhor custo-benefício.

Como ensinam Picatti e Locatelli,[4] dois pontos assumem especial atenção na reforma do diploma de quebra: o ponto de vista econômico e aquele de conotação jurídica, para a pesquisa de solução mais adequada e suficiente à convergência dos interesses e respeito aos predicados de regulamentação das atividades.

Consabido que as sociedades simples, regra geral, não disponibilizam valores de capital relevantes, pela própria técnica, e com esteio no tipo atrelado à circunstância econômica, porém é preciso diagnosticar o momento da crise e superar os embaraços com políticas eficientes de flexibilização e alternativas ao cenário da vida societária interna.

Concernente às sociedades não empresariais, por si só, o modelo recuperatório simplificado seria aquele de natureza extrajudicial que se coadunaria com a participação dos credores e representantes destinados ao denominador comum, porém nada afastaria as sociedades de apresentarem seu plano e pedirem homologação diante do juízo universal, significando transparência e a realidade do tempo necessário ao ressurgimento ao quadro da normalidade.

---

[4] PICATTI, Piero; LOCATELLI, Piero. *L'insolvenza dell' impresa*. Torino: G. Giappichelli, 1972.

Anotara com percuciência singular para o modelo de recuperação, de maneira lógica, o renomado Giovanni Tantini,[5] no sentido da proporcionalidade entre o capital e o patrimônio, não desaguando num entrechoque e observando a dimensão da empresa, por intermédio da aplicação de remédios que suplantem a crise e evidenciem risco menor de insolvência.[6]

Sem conotação de capital mínimo e obrigatório, assegura o legislador técnica de projetar o desenvolvimento da atividade por meios adequados, assim, a sociedade simples não fica ao desamparado dos planos de reorganização e ganha corpo em querer manter a sua atividade; essa reengenharia poderá ser interna, com aumento do capital, retirada, ingresso de novo sócio, ou por caminho vinculado aos ditames da aprovação do modelo em juízo.

Aclara-se o modelo da sociedade simples, significativamente, pelo número de sócios, temperado com seu capital constitutivo, no endereçamento de eventual crise e submissão ao próprio perfil de reorganização.

Queremos, com isso, significar que a sociedade simples pode ter participação direta ou indireta em outras, ter índole subsidiária, ou coligada, daí porque, na integração dos negócios, não se objeta, de pronto, a respeito de sua reorganização.

Conflui, decisivamente, portanto, para o referido raciocínio, enraizamento da sociedade simples, seu escopo social, diretrizes determinantes que impulsionam a própria natureza de resguardar sua atividade.

---

[5] TANTINI, Giovanni. *Capitale e patrimonio nella società per azioni*. Padova: Cedam, 1980.

[6] GRIPPO, Giovanni. *Fondamenti di diritto delle società*: principi e le norme. Padova: Cedam, 1996.

X – Análises Críticas Conclusivas

Ao cabo desse modesto estudo plasmado na despretensiosa análise conjuntural do modelo da sociedade simples, permeado por propósito de alargar o horizonte e determinar uma compreensão correlata à sua estrutura, extraímos conclusões críticas que representam o contexto pontuado na diagramação plural do tema enfrentado, da seguinte forma:

1. A introdução da sociedade simples no sistema das atividades de natureza não empresarial tem a vicissitude da falta de enraizamento na tradição do ordenamento jurídico, despertando dúvidas e aspirações de seu papel principal e subsidiária na tipologia organizacional dos negócios.

2. Existe uma total falta de conhecimento e exploração do significado da sociedade simples, deitando sua origem no Direito Comparado e mais de perto na disciplina do Código italiano do ano de 1942 e na Codificação Suíça das Obrigações.

3. O modelo não empresarial da sociedade simples tem premissa de conotação *intuitu personae* e se formaliza no contrato que agrega as manifestações de vontade no perfazimento da *affectio societatis*.

4. O desaparecimento de vinculação a diferenciar sociedade civil e comercial explica adoção na linha dos atos de empresa, com desaparecimento daqueles de comércio, no conceito de atividade e finalidade lucrativa.

5. Torna-se letra morta a pressuposição diferenciadora da forma estrutural entre sociedade comercial e civil, na medida

em que a legislação impulsiona a classificação de atividade empresarial e de natureza distinta.

6. Os elementos que formam os requisitos de constituição estabelecem cláusulas pétreas no comando da sociedade, inclusive para efeito de deliberação e o quórum a ser obedecido.

7. A personificação da sociedade simples sucede com a averbação no Registro Civil das Pessoas Jurídicas, dotando-a de validade e eficácia no cenário jurídico, notadamente ante terceiros.

8. Eventuais sucursais, filiais ou agências pedem, necessariamente, exigência de averbação, com a menção ainda na sede para conhecimento global da atividade da sociedade em sua amplitude.

9. Obedecidas as formalidades preconizadas legalmente, adquire o sócio o conjunto de direitos e obrigações definidos por meio do *status socii*, cuja integralização de sua contribuição é condição indispensável ao delineamento focado.

10. Disciplinou-se em matéria de administração o tipo disjuntivo, no silêncio do contrato, e nas deliberações assembleares, o princípio da maioria de votos, no desenho das quotas e respectiva proporcionalidade.

11. A responsabilidade do administrador, que deve ser ativo e probo, se faz no limite do capital social integralizado, mas diferentemente se provado desvio, excesso ou abuso de poder, refratários à lei ou contrato social.

12. Regulamenta-se o interesse contraposto entre sociedade e sócio com as consequências decorrentes, na esfera de perdas e danos acaso o voto seja fator decisivo da deliberação.

13. A situação entre sócio e sociedade não leva a repercutir no seio dessa, haja vista a resolução disciplinada e o panorama consistente na relação com terceiros.

14. As hipóteses de dissolução vêm tratadas de forma enumerativa, podendo o contrato encerrar nomenclatura que se subordine à decisão judicial.

15. De imediato, com a dissolução deliberada, surge nomeação do liquidante que terá função de cumprir o papel para o qual fora escolhido, na omissão da sociedade ou do sócio na indicação, caberá ao Ministério Público o desiderato e, por

último, ao interventor decorrente do poder que autoriza o funcionamento, mas em caráter excepcional.

Resumidamente, portanto, esboçamos nossas posições e fizemos as críticas em razão da inserção da sociedade simples que é alheia à tradição e se apresenta pouco explorada na investigação propriamente dita de sua finalidade específica, mas dirá o tempo se a preocupação do legislador com o passado se hospedou na evolução do presente e, sobretudo, repercutiu na modernidade societária que o futuro promissor responderá no âmbito de sua funcionalidade e indelével praticidade.

Efetivamente, o modelo de sociedade simples, bem longe de se constituir em singular formatação de regra organizativa da atividade, busca, por seu intermédio, compreender ergonomia e otimizar sua racionalidade.

A par dos conceitos e formalismos impostos pelo legislador, desata-se o nó por meio da finalidade encontrada no escopo e pelo delineamento da sua importância social.

Conclusivamente, colmata-se a lacuna, na própria razão de ser da sociedade simples, dando-lhe mobilidade, flexibilização e, acima de tudo, os ingredientes necessários para resguardar a sua atividade e fazer prevalecer o interesse da maioria.

Lei nº 10.406, de 10 de janeiro de 2002

Institui o Código Civil

SUBTÍTULO II – DA SOCIEDADE PERSONIFICADA

CAPÍTULO I – DA SOCIEDADE SIMPLES

SEÇÃO I – DO CONTRATO SOCIAL

Art. 997. A sociedade constitui-se mediante contrato escrito, particular ou público, que, além de cláusulas estipuladas pelas partes, mencionará:

I – nome, nacionalidade, estado civil, profissão e residência dos sócios, se pessoas naturais, e a firma ou a denominação, nacionalidade e sede dos sócios, se jurídicas;

II – denominação, objeto, sede e prazo da sociedade;

III – capital da sociedade, expresso em moeda corrente, podendo compreender qualquer espécie de bens, suscetíveis de avaliação pecuniária.

IV – a quota de cada sócio no capital social, e o modo de realizá-la;

V – as prestações a que se obriga o sócio, cuja contribuição consista em serviços;

VI – as pessoas naturais incumbidas da administração da sociedade, e seus poderes e atribuições;

VII – a participação de cada sócio nos lucros e nas perdas;

VIII – se os sócios respondem, ou não, subsidiariamente, pelas obrigações sociais.

Parágrafo único. É ineficaz em relação a terceiros qualquer pacto separado, contrário ao disposto no instrumento do contrato.

Art. 998. Nos 30 (trinta) dias subsequentes à sua constituição, a sociedade deverá requerer a inscrição do contrato social no Registro Civil das Pessoas Jurídicas do local de sua sede.

§ 1º O pedido de inscrição será acompanhado do instrumento autenticado do contrato e, se algum sócio nele houver sido representado por procurador, o da respectiva procuração, bem como, se for o caso, da prova de autorização da autoridade competente.

§ 2º Com todas as indicações enumeradas no artigo antecedente, será a inscrição tomada por termo no livro de registro próprio, e obedecerá a número de ordem contínua para todas as sociedades inscritas.

Art. 999. As modificações do contrato social, que tenham por objeto matéria indicada no art. 997, dependem do consentimento de todos os sócios; as demais podem ser decididas por maioria absoluta de votos, se o contrato não determinar a necessidade de deliberação unânime.

Parágrafo único. Qualquer modificação do contrato social será averbada, cumprindo-se as formalidades previstas no artigo antecedente.

Art. 1.000. A sociedade simples que instituir sucursal, filial ou agência na circunscrição de outro Registro Civil das Pessoas Jurídicas, neste deverá também inscrevê-la, com a prova da inscrição originária.

Parágrafo único. Em qualquer caso, a constituição da sucursal, filial ou agência deverá ser averbada no Registro Civil da respectiva sede.

SEÇÃO II – DOS DIREITOS E OBRIGAÇÕES DOS SÓCIOS

Art. 1.001. As obrigações dos sócios começam imediatamente com o contrato, se este não fixar outra data, e terminam quando, liquidada a sociedade, se extinguirem as responsabilidades sociais;

Art. 1.002. O sócio não pode ser substituído no exercício das suas funções, sem o consentimento dos demais sócios, expresso em modificação do contrato social.

Art. 1.003. A cessão total ou parcial de quota, sem a correspondente modificação do contrato social com o consentimento dos demais sócios, não terá eficácia quanto a estes e à sociedade.

Parágrafo único. Até 2 (dois) anos depois de averbada a modificação do contrato, responde o cedente solidariamente com o cessionário, perante a sociedade e terceiros, pelas obrigações que tinha como sócio.

Art. 1.004. Os sócios são obrigados, na forma e prazo previstos, às contribuições estabelecidas no contrato social, e aquele que deixar de fazê-lo, nos 30 (trinta) dias seguintes ao da notificação pela sociedade, responderá perante esta pelo dano emergente da mora.

Parágrafo único. Verificada a mora, poderá a maioria dos demais sócios preferir, à indenização, a exclusão do sócio remisso, ou reduzir-lhe a quota ao montante já realizado, aplicando-se, em ambos os casos, o disposto no § 1º do art. 1.031.

Art. 1.005. O sócio que, a título de quota social, transmitir domínio, posse ou uso, responde pela evicção, e pela solvência do devedor, aquele que transferir crédito.

Art. 1.006. O sócio, cuja contribuição consista em serviços, não pode, salvo convenção em contrário, empregar-se em atividade estranha à sociedade, sob pena de ser privado de seus lucros e dela excluído.

Art. 1.007. Salvo estipulação em contrário, o sócio participa dos lucros e das perdas na proporção das respectivas quotas, mas aquele, cuja, contribuição consiste em serviços somente participa dos lucros na proporção da média do valor das quotas.

Art. 1.008. É nula a estipulação contratual que exclua qualquer sócio de participar dos lucros e das perdas.

Art. 1.009. A distribuição de lucros ilícitos ou fictícios acarreta responsabilidade solidária dos administradores que realizarem e dos sócios que os receberem, conhecendo ou devendo conhecer-lhes a ilegitimidade.

SEÇÃO III – DA ADMINISTRAÇÃO

Art. 1.010. Quando, por lei ou pelo contrato social, competir aos sócios decidir sobre os negócios da sociedade, as deliberações serão tomadas por maioria de votos, contados segundo o valor das quotas de cada um.

§ 1º Para formação da maioria absoluta são necessários votos correspondentes a mais de metade do capital.

§ 2º Prevalece a decisão sufragada por maior número de sócios no caso de empate, e, se este persistir, decidirá o juiz.

§ 3º Responde por perdas e danos o sócio que, tendo em alguma operação interesse contrário ao da sociedade, participar da deliberação que a aprove graças a seu voto.

Art. 1.011. O administrador da sociedade deverá ter, no exercício de suas funções, o cuidado e a diligência que todo homem ativo e probo costuma empregar na administração de seus próprios negócios.

§ 1º Não podem ser administradores, além das pessoas impedidas por lei especial, os condenados a pena que vede, ainda que temporariamente, o acesso a cargos públicos, ou por crime falimentar, de prevaricação, peita ou suborno, concussão, peculato; ou contra a economia popular, contra o sistema financeiro nacional, contra as normas de defesa da concorrência, contra as relações de consumo, a fé pública ou a propriedade, enquanto perdurarem os efeitos da condenação.

§ 2º Aplicam-se à atividade dos administradores, no que couber, as disposições concernentes ao mandato.

Art. 1.012. O administrador, nomeado por instrumento em separado, deve averbá-lo à margem da inscrição da sociedade, e, pelos atos que praticar, antes de requerer a averbação, responde pessoal e solidariamente com a sociedade.

Art. 1.013. A administração da sociedade, nada dispondo o contrato social, compete separadamente a cada um dos sócios.

§ 1º Se a administração competir separadamente a vários administradores, cada um pode impugnar a operação pretendida por outro, cabendo a decisão aos sócios, por maioria de votos.

§ 2º Responde por perdas e danos perante a sociedade o administrador que realizar operações, sabendo ou devendo saber que estava agindo em desacordo com a maioria.

Art. 1.014. Nos atos de competência conjunta de vários administradores, torna-se necessário o concurso de todos, salvo nos casos urgentes, em que a omissão ou retardo das providências possa ocasionar dano irreparável ou grave.

Art. 1.015. No silêncio do contrato, os administradores podem praticar todos os atos pertinentes à gestão da sociedade; não constituindo objeto social, a oneração ou a venda de bens imóveis depende do que a maioria dos sócios decidir.

Parágrafo único. O excesso por parte dos administradores somente pode ser oposto a terceiros se ocorrer pelo menos uma das seguintes hipóteses;

I – se a limitação de poderes estiver inscrita ou averbada no registro próprio da sociedade;

II – provando-se que era conhecida do terceiro;

III – tratando-se de operação evidentemente estranha aos negócios da sociedade.

Art. 1.016. Os administradores respondem solidariamente perante a sociedade e os terceiros prejudicados, por culpa no desempenho de suas funções.

Art. 1.017. O administrador que, sem consentimento escrito dos sócios, aplicar créditos ou bens sociais em proveito próprio ou de terceiros, terá de restituí-los à sociedade, ou pagar o equivalente, com todos os lucros resultantes, e, se houver, prejuízo, por ele também responderá.

Parágrafo único. Fica sujeito às sanções o administrador que, tendo em qualquer operação interesse contrário ao da sociedade, tome parte na correspondente deliberação.

Art. 1.018. Ao administrador é vedado fazer-se substituir no exercício de suas funções, sendo-lhe facultado, nos limites de seus poderes, constituir mandatários da sociedade, especificados no instrumento os atos e operações que poderão praticar.

Art. 1.019. São irrevogáveis os poderes do sócio investido na administração por cláusula expressa do contrato social, salvo justa causa, reconhecida judicialmente, a pedido de qualquer dos sócios.

Parágrafo único. São revogáveis, a qualquer tempo, os poderes conferidos a sócio por ato separado, ou a quem não seja sócio.

Art. 1.020. Os administradores são obrigados a prestar aos sócios contas justificadas de sua administração, e apresentar-lhes o inventário anualmente, bem como o balanço patrimonial e o de resultado econômico.

Art. 1.021. Salvo estipulação que determine época própria, o sócio pode, a qualquer tempo, examinar os livros e documentos, e o estado da caixa e da carteira da sociedade.

SEÇÃO IV – DAS RELAÇÕES COM TERCEIROS

Art. 1.022. A sociedade adquire direitos, assume obrigações e procede judicialmente, por meio de administradores com poderes especiais, ou, não os havendo, por intermédio de qualquer administrador.

Art. 1.023. Se os bens da sociedade não lhe cobrirem as dívidas, respondem os sócios pelo saldo, na proporção em que participem das perdas sociais, salvo cláusula de responsabilidade solidária.

Art. 1.024. Os bens particulares dos sócios não podem ser executados por dívidas da sociedade, senão depois de executados os bens sociais.

Art. 1.025. O sócio, admitido em sociedade já constituída, não se exime das dívidas sociais anteriores à admissão.

Art. 1.026. O credor particular de sócio pode, na insuficiência de outros bens do devedor, fazer recair a execução sobre o que a este couber nos lucros da sociedade, ou na parte que lhe tocar em liquidação.

Parágrafo único. Se a sociedade não estiver dissolvida, pode o credor requerer a liquidação da quota do devedor, cujo valor, apurado na forma do art. 1.031, será depositado em dinheiro, no juízo da execução, até 90 (noventa) dias após aquela liquidação.

Art. 1.027. Os herdeiros de cônjuge do sócio, ou o cônjuge do que se separou judicialmente, não podem exigir desde logo a parte que lhes couber na quota social, mas concorrer à divisão periódica dos lucros, até que se liquide a sociedade.

SEÇÃO V – DA RESOLUÇÃO DA SOCIEDADE EM RELAÇÃO A UM SÓCIO

Art. 1.028. No caso de morte de sócio, liquidar-se-á sua quota, salvo:

I – se o contrato dispuser diferentemente;

II – se os sócios remanescentes optarem pela dissolução da sociedade;

III – se, por acordo com os herdeiros –, regular-se a substituição do sócio falecido.

Art. 1.029. Além dos casos previstos na lei ou no contrato, qualquer sócio pode retirar-se da sociedade; se de prazo indeterminado, mediante notificação aos demais sócios, com antecedência mínima de 60 (sessenta) dias; se de prazo determinado, provando judicialmente justa causa.

Parágrafo único. Nos 30 (trinta) dias subsequentes à notificação, podem os demais sócios optar pela dissolução da sociedade.

Art. 1.030. Ressalvado o disposto no art. 1.004 e seu parágrafo único, pode o sócio ser excluído judicialmente, mediante iniciativa da maioria dos demais sócios, por falta grave no cumprimento de suas obrigações, ou, ainda, por incapacidade superveniente.

Parágrafo único. Será de pleno direito excluído da sociedade o sócio declarado falido, ou aquele cuja quota tenha sido liquidada nos termos do parágrafo único do art. 1.026.

Art. 1.031. Nos casos em que a sociedade se resolver em relação a um sócio, o valor da sua quota, considerada pelo montante efetivamente realizado, liquidar-se-á, salvo disposição contratual em contrário, com base na situação patrimonial da sociedade, à data da resolução, verificada em balanço especialmente levantado.

§ 1º O capital social sofrerá a correspondente redução, salvo se os demais sócios suprirem o valor da quota.

§ 2º A quota liquidada será paga em dinheiro, no prazo de 90 (noventa) dias, a partir da liquidação, salvo acordo, ou estipulação contratual em contrário.

Art. 1.032. A retirada, exclusão ou morte do sócio, não o exime, ou a seus herdeiros, da responsabilidade pelas obrigações sociais anteriores, até 2 (dois) anos após averbada a resolução da sociedade; nem nos dois primeiros casos, pelas posteriores e em igual prazo, enquanto não se requerer a averbação.

SEÇÃO VI – DA DISSOLUÇÃO

Art. 1.033. Dissolve-se a sociedade quando ocorrer:

I – o vencimento do prazo de duração, salvo se, vencido este e sem oposição de sócio, não entrar a sociedade em liquidação, caso em que se prorrogará por tempo indeterminado;

II – o consenso unânime dos sócios;

III – a deliberação dos sócios, por maioria absoluta, na sociedade de prazo indeterminado;

IV – a falta de pluralidade de sócios, não reconstituída no prazo de 180 (cento e oitenta) dias;

V – a extinção, na forma da lei, de autorização para funcionar.

Art. 1.034. A sociedade pode ser dissolvida judicialmente, a requerimento de qualquer dos sócios, quando:

I – anulada a sua constituição;

II – exaurido o fim social, ou verificada a sua inexequibilidade.

Art. 1.035. O contrato pode prever outras causas de dissolução, a serem verificadas judicialmente quando contestadas.

Art. 1.036. Ocorrida a dissolução, cumpre aos administradores providenciar imediatamente a investidura do liquidante, e restringir a gestão própria aos negócios inadiáveis, vedadas novas operações, pelas quais responderão solidária e ilimitadamente.

Parágrafo único. Dissolvida de pleno direito a sociedade, pode o sócio requerer, desde logo, a liquidação judicial.

Art. 1.037. Ocorrendo a hipótese prevista no inciso V do art. 1.033, o Ministério Público, tão logo lhe comunique a autoridade competente, promoverá a liquidação judicial da sociedade, se os administradores não o tiverem feito nos 30 (trinta) dias seguintes à perda da autorização, ou se o sócio não houver exercido a faculdade assegurada no parágrafo único do artigo antecedente.

Parágrafo único. Caso o Ministério Público não promova a liquidação judicial da sociedade nos 15 (quinze) dias subsequentes ao recebimento da comunicação, a autoridade competente para conceder a autorização nomeará interventor com poderes para requerer a medida e administrar a sociedade até que seja nomeado o liquidante.

Art. 1.038. Se não estiver designado no contrato social, o liquidante será eleito por deliberação dos sócios, podendo a escolha recair em pessoa estranha à sociedade.

§ 1º O liquidante pode ser destituído, a todo tempo:

I – se eleito pela forma prevista neste artigo, mediante deliberação dos sócios;

II – em qualquer caso, por via judicial, a requerimento de um ou mais sócios, ocorrendo justa causa;

§ 2º A liquidação da sociedade se processa de conformidade com o disposto no Capítulo IX, deste Subtítulo.

Jurisprudência

Sociedade Simples – Sociedade Empresária – Distinção – Impossibilidade de Falência da Primeira. O instituto da falência é reservado ao devedor comerciante (art. 1º, Decreto-lei nº 7.661/45). A empresa de natureza civil, formada por dois sócios, o primeiro corretor de imóveis e a segunda técnica em contabilidade, cujo objetivo é o de mediação na compra, venda, hipoteca, permuta, administração e locação de imóveis, administrada pelos sócios, repartidos os lucros e suportados os prejuízos, após o balanço, pelos sócios, na proporção do capital de cada um, e cujo contrato social foi registrado no Cartório de Registro de Títulos e Documentos, é sociedade simples, não sujeita à Lei de Quebra. (TJMG – 1.0349.03.004633-9/001(1), 8-3-2005 – Rel. Wander Marotta)

Conflito de Competência – Liquidação Judicial – Cooperativa – Sociedade Simples. As cooperativas, por força legal, são sociedades simples, independentemente da atividade que exercem, não se confundindo com sociedades empresárias. É de competência das varas cíveis processar e julgar os feitos relativos à sociedade simples, que não se encaixa no conceito de sociedade empresarial. Conflito acolhido. Competência do juízo suscitado declarada. (TJMG – 1.0000.08.484160-0/000(1), 26-3-2009, Rel. Evangelina Castilho Duarte)

Indenização. Danos Morais e Materiais. Anulação de Contrato Social – Vícios Não Suscitados – Ônus Probandi do Autor. Fatos Constitutivos do Direito. Não Comprovação. Art. 333, I, CPC. Recurso Desprovido. – O ônus da prova incumbe ao autor, quanto ao fato constitutivo do seu direito, conforme insculpido no art. 333, I, do Código de Processo Civil. – Para que faça jus a recebimento de indenização por danos morais e materiais, necessário que a prova acostada aos autos, constitutiva do direito, seja robusta e inequívoca. – O contrato social somente poderá ser anulado mediante a demonstração e comprovação de vícios capazes de macular o negócio jurídico. – Nos termos do artigo 986 do Código Civil, enquanto não inscritos os atos constitutivos, reger-se-á a sociedade, subsidiariamente, pelas normas da sociedade simples. (TJMG – 1.0518.04.063145-0/001(1), 12/03/2009, Rel. Nicolau Masselli)

Ação de Dissolução de Sociedade – Sócio – Legitimidade – Sociedade Irregular – Irrelevância. O art. 1.033 do CCB/2002 prevê as hipótese de dissolução da sociedade simples, estabelecendo o art. 1.034 os casos de dissolução judicial, que poderá ocorrer por meio de "requerimento de qualquer dos sócios". Destarte, demonstrando o autor, por meio dos documentos juntados com a inicial sua qualidade de sócio, impõe-se a cassação da sentença que o considerou parte ativa ilegítima. É irrelevante, para o ajuizamento da presente demanda de dissolução, eventuais irregularidades no estatuto da sociedade requerida, eis que a legislação e a jurisprudência reconhecem a possibilidade das "sociedade irregulares" serem demandadas em juízo (art. 12, inciso VII, do CPC), e consequentemente, dissolvidas judicialmente. (TJMG – 1.0024.05.781512-8/001(1), 26-4-2007, Rel. Eduardo Mariné da Cunha)

Processual Civil – Sociedade Simples – Citação Via Postal – Correspondência Entregue no Endereço Constante da Nota Fiscal. É válida a citação postal de sociedade simples, não dissolvida plenamente, se a correspondência foi entregue em seu endereço, notadamente quando se sabe que a sua representante legal continuou exercendo, no mesmo local, atividade profissional da mesma natureza. (TJMG – Apelação Cível 1.0024.08.306517-7/001(1), 15-12-2009, Rel. Guilherme Luciano Baeta Nunes)

Ação de Cobrança. Sociedade Limitada. Sócio Retirante. Obrigação Contraída pela Empresa. Responsabilidade. Contrato Social. – Na ausência de preceito legal para regular a responsabilidade do sócio retirante perante as obrigações contraídas pela sociedade enquanto nela permaneceu, aplicam-se as regras estabelecidas pelos próprios sócios no contrato social. – À luz do novo Código Civil, a sociedade limitada rege-se, nas omissões no capítulo dispensado a ela, pelas normas da sociedade simples. (Art. 1053, CC). (TJMG – 2.0000.00.453642-3/000(1), 25-6-2004, Rel. Fernando Caldeira Brant)

Sociedade Limitada – Assembleia que deliberou sobre aumento de capital, nomeação de administrador, adaptação do contrato social ao novo Código Civil e alteração da sede social – Decisões tomadas as duas primeiras por unanimidade, e, a última, por maioria de votos – Exigência de unanimidade prevista nos arts. 997 e 999 do CC apenas em relação às sociedades simples – Sociedade em exame por quotas de responsabilidade limitada, à qual se aplicam as regras especiais dos arts. 1.071 e seguintes do Código Civil – Ação improcedente – Recurso Improvido. (TJSP – Apelação 994.09.289743-1)

Citação – Pessoa Jurídica – Sociedade simples que adota o tipo de responsabilidade limitada – Alteração contratual não averbada – Impossibilidade de oposição a terceiros – Locação não-residencial – Contrato assinado por representante legal devidamente citado – Transcurso do prazo prescrito para oferta de contestação, considerados o termo inicial fixado pelo artigo 241, II, do Código de Processo Civil – Legitimidade – Matéria de ordem pública – Possível conhecimento de ofício e, por isso, arguição por simples petição, sem prejuízo. Agravo não provido. (TJSP – Agravo de Instrumento 1.280.748-0/0, 33ª Câmara de Direito Privado)

Responsabilidade Civil – Sentença que consubstanciou procedência de pedido para invalidar documentos bancários relativos a cobrança de interesse da apelante – inadmissibilidade – Hipótese na qual a responsabilidade de cooperados demitidos perdura até aprovação das contas do exercício no qual se deram os correspondentes desligamentos – Recurso provido. (TJSP – Apelação Cível 448.846.4/2-00)

Preliminar – Não Conhecimento do Recurso por Ato Contrário ao Interesse Recursal – Insubsistência – Pretensão na Esfera Administrativa de Alteração do Contrato Social Não Causa Efeito no Processo – A Parte Não Poderia Alegar Fato a que Deu Causa para Modificar a Realidade em Detrimento da liminar Concedida e Objeto da Impugnação – Aplicação do princípio *Nemq Potest Venire Contra Factum Proprium*. A Preliminar Rejeitada. LIMINAR – CAUTELAR – SOCIEDADE LIMITADA – ADMINISTRAÇÃO – EMPATE NA VOTAÇÃO PARA A ELEIÇÃO DO NOVO CORPO DIRETIVO – IMPASSE ENTRE OS DOIS GRUPOS SOCIETÁRIOS CADA UM COM 50% DO CAPITAL SOCIAL – EM SEDE DE COGNIÇÃO SUMÁRIA APLICÁVEL O DISPOSTO NO ART. 1053, *CAPUT,* DO CC/2002, QUE AUTORIZA A INCIDÊNCIA DAS NORMAS DA SOCIEDADE SIMPLES – Art. 1010, § 2º, DO MESMO *CODEX* IMPÕE NESTE CASO A PREVALÊNCIA DA DECISÃO

SUFRAGADA PELO MAIOR NÚMERO DE SÓCIOS – APLICAÇÃO APENAS SUPLETIVA DA LEI DAS SOCIEDADES ANÔNIMAS, OU SEJA, SE NÃO HOUVESSE PRECEITUAÇÃO PRÓPRIA – ADEMAIS, PRESENÇA DO PRINCÍPIO DO PODER JUDICIÁRIO TRIBUNAL DE JUSTIÇA DO ESTADO DE SÃO PAULO PRESERVAÇÃO DA EMPRESA, MANTENDO-SE A CONTINUIDADE DO MODELO DE ADMINISTRAÇÃO, SEM NOTÍCIA DE QUALQUER FATO PERNICIOSO – CARÁTER PROVISÓRIO DA LIMINAR QUE NÃO SIGNIFICA MERA APROVAÇÃO DOS ADMINISTRADORES, INCLUSIVE, COM A PARTICIPAÇÃO DE DOIS DIRETORES NÃO SÓCIOS – DECISÃO MANTIDA – AGRAVO IMPROVIDO. (TJSP – Agravo 630.480-4/3-00)

Tributário. Cooperativa. Liquidação Judicial. Lei 5.764/1971. Exclusão da Multa e dos Juros Moratórios. Impossibilidade. 1. As cooperativas são sociedades simples – nos termos do art. 982, parágrafo único, do Código Civil – que, por definição, não exercem atividade empresarial (art. 1.093 do mesmo diploma legal). Por essa razão, não se sujeitam à legislação falimentar, mas, sim, ao procedimento de liquidação previsto pelos arts. 63 a 78 da Lei 5.764/1971, que não contempla o benefício de exclusão das multas e dos juros moratórios. Precedentes do STJ. 2. Agravo Regimental não provido. (STJ – AgRg no Recurso Especial 808.241/SP, Rel. Min. Herman Benjamin)

Direito Empresarial e Processual Civil. Recurso especial. Violação ao art. 535 do CPC. Fundamentação deficiente. Ofensa ao art. 5º da LICC. Ausência de prequestionamento. Violação aos arts. 421 e 977 do CC/02. Impossibilidade de contratação de sociedade entre cônjuges casados no regime de comunhão universal ou separação obrigatória. Vedação legal que se aplica tanto às sociedades empresárias quanto às simples. – Não se conhece do recurso especial na parte em que se encontra deficientemente fundamentado. Súmula 284/STF. – Inviável a apreciação do recurso especial quando ausente o prequestionamento do dispositivo legal tido como violado. Súmula 211/STJ. – A liberdade de contratar a que se refere o art. 421 do CC/02 somente pode ser exercida legitimamente se não implicar a violação das balizas impostas pelo próprio texto legal. – O art. 977 do CC/02 inovou no ordenamento jurídico pátrio ao permitir expressamente a constituição de sociedades entre cônjuges, ressalvando essa possibilidade apenas quando eles forem casados no regime da comunhão universal de bens ou no da separação obrigatória. – As restrições previstas no art. 977 do CC/02 impossibilitam que os cônjuges casados sob os regimes de bens ali previstos contratem entre si tanto sociedades empresárias quanto sociedades simples. Negado provimento ao recurso especial. (STJ – Recurso Especial 1.058.165/RS, Rel. Min. Nancy Angrighi)

Tributário. Execução Fiscal. Sociedade Cooperativa. Liquidação Extrajudicial. Inaplicabilidade da Lei de Falência. Redirecionamento. Possibilidade. 1. "Por ser sociedade simples, por ter regras próprias de liquidação e por não estar sujeita a falência, à sociedade cooperativa não se aplicam as disposições contidas no Decreto-Lei 7.661/45. Nesse sentido: REsp 803.633/SP, 1ª Turma, Rel. Min. Luiz Fux, DJ de 15.10.2007." (REsp 882.014/SP, Min. Denise Arruda, DJ de 29/09/2008) 2. Recurso especial a que se dá provimento. (STJ – Recurso Especial 722.601/RS, Rel. Min. Teori Albino Zavaschi)

Processual Civil e Tributário. Violação do Art. 42 do Decreto nº 70.235/72. Incidência da Súmula n. 283/STF. Fundação. Opção pelo Simples. Impossibilidade. Art. 3º da Lei Complementar nº 123/2006. 1. A fundação de direito privado não pode optar pelo regime de tributação Simples Nacional disposto na Lei Complementar nº 123/2006. 2. A Corte *a quo* entendeu que o regime legal das Microempresas e das Empresas de Pequeno Porte firmado na Lei Complementar nº 123/06 possui critérios diversos daqueles previstos na Lei nº 9.317/96, não havendo que se falar em direito adquirido a regime jurídico. A recorrente deixou de impugnar o referido fundamento do acórdão recorrido atraindo, assim, a incidência da Súmula nº 283/STF no particular. 3. O legislador elegeu apenas a sociedade empresária, a sociedade simples e o empresário a que se refere o art. 966 do Código Civil de 2002 para qualificarem-se, preenchidos os demais requisitos legais, como Microempresas ou Empresas de Pequeno Porte. Dessa forma, não há que se falar em direito líquido e certo da recorrente em optar pelo regime de tributação SIMPLES, uma vez que a fundação não se confunde com a sociedade para fins de aplicação do art. 3º da Lei Complementar nº 123/2006. 4. Recurso especial parcialmente conhecido e, nessa parte, não provido. (STJ – Recurso Especial 1.136.740/RS, Rel. Min. Mauro Campbell Marques)

Alvará Judicial – SOCIEDADE SIMPLES – REGISTRO CIVIL DAS PESSOAS JURÍDICAS – REGISTRO NA JUCEMG – DESNECESSIDADE – POSSIBILIDADE JURÍDICA DO PEDIDO – TRANSFERÊNCIA DE COTAS PERTENCENTES AO GENITOR DO POSTULANTE – NECESSIDADE DE ABERTURA DE INVENTÁRIO. As sociedades simples estão sujeitas a registro no Registro Civil das Pessoas Jurídicas, e não na Junta Comercial.

A ausência de registro da sociedade na JUCEMG não torna juridicamente impossível o pedido de concessão de alvará para a transferência de cotas de sociedade simples pertencentes ao falecido genitor do requerente. A dispensa de inventário para a disposição de bens que compõem a herança é admitida excepcionalmente quando existente permissivo legal nesse sentido. Inexistindo previsão na lei excepcionadora relativa à transferência de cotas de sociedade, necessária, para esse fim, a abertura de inventário ou arrolamento. Recurso provido em parte. Impossibilidade jurídica do pedido afastada. Improcedência do pedido inicial, com base no artigo 515, § 3º, do CPC. (TJMG – 1.0145.08.449870-1/001(1), 1-12-2009, Rel. Heloisa Combat)

Apelação Cível. Dissolução e Liquidação de Sociedade. Preliminar de Nulidade de Sentença. Rejeitada. Sociedade Simples. Sociedade de Advogados. Cláusula Contratual. Divisão dos Honorários Advocatícios Percebidos. Inexistência de Comprovação de Sociedade de Fato. Dissolução Total da Sociedade. Desnecessidade de Nomear Liquidante. Liquidação por Artigos. Nomeação de Perito Advogado. Cumpre referir que a dissolução não se confunde com a liquidação. Ocorrendo a dissolução da sociedade, teremos em ato contínuo a sua liquidação. Decretada a dissolução, a sociedade é extinta no seu todo. Ausência de nulidade da sentença por não ter procedido à apuração de haveres e nomeado liquidante. Precedentes jurisprudenciais. A apuração de haveres deverá ser enfrentada na origem, pois diz respeito à liquidação da sentença, que deverá ser realizada por artigos, ou seja, a fase posterior à decretação da dissolução, a fim de que sejam divididos, em 50% para cada sócio, os valores dos honorários percebidos nas demandas ajuizadas posteriormente à constituição da sociedade. Cláusula do Contrato Social que determina que nos processos ajuizados anteriormente à constituição da sociedade, os honorários não se reverteriam em benefício da sociedade. Não há dúvidas de que se o autor atuou no processo referido, deve perceber honorários pelo trabalho desenvolvido. Entretanto, nesta demanda, está-se analisando a dissolução da sociedade e seus efeitos. Em que pese o autor afirme a existência de sociedade de fato, anterior à constituição da sociedade, devendo, portanto, receber sua parte dos honorários (50%), decorrente do contrato social, tenho que o demandante não logrou comprovar sua alegação. Preliminar Rejeitada. Apelo Desprovido. (TJRS – Apelação 70028186435, 5ª Câmara Cível)

Alteração de Contrato Social. Exclusão de Sócio. Anulação e Apuração de Haveres. Tutela Antecipada. Se a própria agravante manifestou interesse de se retirar da sociedade, nada mais razoável que as sócias remanescentes, calcadas na cláusula XIII do contrato vigente, procurassem regularizar a nova situação da sociedade, inclusive, no tocante à apuração dos haveres da sócia retirante, formalizando a correspondente alteração contratual. Tudo, em consonância com os arts. 1.029 e 1.031, do novo Código Civil, onde trata da sociedade simples. Assim, mostrando-se, de certo modo, contraditória a postura processual da agravante, inexistindo prova inequívoca que convença da verossimilhança da sua alegação inicial. Requisitos da tutela antecipada não satisfeitos. Litigância de má-fé desacolhida. Agravo desprovido. (TJRS – Agravo de Instrumento 70012989836, 5ª Câmara Cível)

Bibliografia

ABRÃO, Nelson. *Sociedade simples*: novo tipo societário. São Paulo: Livraria e Editora Universitária de Direito, 1975.

ASQUINI, Alberto. Perfis da empresa (tradução nacional). *Revista de Direito Mercantil*, n. 104, p. 110, out./dez. 1996.

BERDAH, Jean Pierre. *Fonctions et responsabilité des dirigeants de sociétés par actions*. Paris: Sirey, 1974.

FERRARA JR., Francesco. *Gli impreditori e le società*. Milano: Giuffrè, 1978.

FERRI, Giuseppe. *Le societá*. Roma: UTET, 1971.

GALGANO, Francesco. *Diritto privato*. Padova: Cedam, 1981.

GÓMEZ–LAFUENTE, Javier Gimeno. *Sociedades de responsabilidad limitada*. Pamplona: Aranzado, 1997.

GOMES, Orlando. *Contratos*. 10. ed. Rio de Janeiro: Forense, 1984.

GRAEFF JR., Cristiano. *Compêndio elementar das sociedades comerciais*. Porto Alegre: Livraria do Advogado, 1997.

GRIPPO, Giovanni. *Fondamenti di diritto delle società*: i principi e le norme. Padova: Cedam, 1996.

MARTINS, Fran. *Contratos e obrigações comerciais*. 14. ed. Rio de Janeiro: Forense, 1999.

MIRANDA, Custódio da Piedade Ubaldino. *Contrato de adesão*. São Paulo: Atlas, 2002.

MORAES, Walter. *Sociedade civil estrita*. São Paulo: Saraiva, 1986.

PAES DE ALMEIDA, Amador. *Execução de bens dos sócios*. São Paulo: Saraiva, 1999.

PICATTI, Piero; LOCATELLI, Piero. *L'insolvenza dell' impresa*. Torino: G. Giappichelli, 1972.

PONT, Manuel Broseta. *Manual de derecho mercantil*. Barcelona, 1972.

REQUIÃO, Rubens. *Curso de direito comercial*. 23. ed. atualizada por Rubens Edmundo Requião. São Paulo: Saraiva, 1998. v. 1.

TANTINI, Giovanni. *Capitale e patrimonio nella società per azioni*. Padova: Cedam, 1980.

WALD, Arnold. *Obrigações e contratos*. 12. ed. ampliada e atualizada com a colaboração de Semy Glanz. São Paulo: Revista dos Tribunais, 1995.

_____. O empresário, a empresa e o Código Civil. In: *O novo Código Civil*. LTr, jun. 2003.

Formato	14 × 21 cm
Tipologia	Charter 10/12
Papel	Alta Alvura 90 g/m² (miolo)
	Supremo 250 g/m² (capa)
Número de páginas	136
Impressão	Yangraf